_____ 님의 소중한 미래를 위해
이 책을 드립니다.

내 의지대로 살고 싶을 때 니체

| 일러두기 |

이 책의 인용문은 책세상의 《니체 전집》을 저본으로 삼고 있으며, 필요한 경우 저자가 약간의 수정을 가했습니다.

진짜 나로 살아가게 하는 니체 인생 수업

내 의지대로 살고 싶을 때 니체

양대종 지음

초록북스

초록북스

우리는 책이 독자를 위한 것임을 잊지 않는다.
우리는 독자의 꿈을 사랑하고,
그 꿈이 실현될 수 있는 도구를 세상에 내놓는다.

내 의지대로 살고 싶을 때 니체

초판 1쇄 발행 2025년 10월 1일 | **초판 2쇄 발행** 2025년 11월 10일 | **지은이** 양대종
펴낸곳 (주)원앤원콘텐츠그룹 | **펴낸이** 강현규·정영훈
등록번호 제301-2006-001호 | **등록일자** 2013년 5월 24일
주소 04607 서울시 중구 다산로 139 랜더스빌딩 5층 | **전화** (02)2234-7117
팩스 (02)2234-1086 | **홈페이지** matebooks.co.kr | **이메일** khg0109@hanmail.net
값 18,000원 | **ISBN** 979-11-6002-964-2 03100

잘못 만들어진 책은 구입하신 서점에서 교환해 드립니다.
이 책을 무단 복사·복제·전재하는 것은 저작권법에 저촉됩니다.

"살아야 하는 이유를 아는 사람은,
어떤 방법으로도 견뎌낼 수 있다."

- 프리드리히 니체 -

○ 들어가며 ○

춤과 삼박자
그리고 여자를 좋아하기

 이렇게라도 당신을 만나고 싶었어. 당신이 지금 어디서 무슨 일에 골몰할지 궁금해. 혹시 신나는 책을 읽고 있을까? 음악을 듣고 있을까? 아니면 어디 전시회에 갔을까? 저수지 근처를 걷고 있을까? 어디에 있든, 나는 우연을 빙자해서라도 당신을 만나고 싶어.
 물론 당신은 대중이 아니지. 나 역시 대중을 향해 글을 써본 적이 없어. 심사자 세 사람만이 읽는다는 논문을 당신이 읽어줄지 자신이 없었어. 무슨 말을 건네야 할지 한참을 고민했어. 그렇다고 아무 말이나 건네서 관심을 끌 수는 없는 일이잖아. 그래서 내가 오랫동안 동반자로 삼아온 철학자, 프리드리히 니체 이야기를 꺼내기로 했어.
 '철학'이나 '사상'이나 '철학자'라는 말은 사람을 주눅 들게 하지. 나도 내가 우아한 그림이나 음악, 건축을 잘 알아서 그런 소재로 당신에게 말을 걸 수 있었으면 좋겠어. 그렇다고 문화적 소재들이 철학보다 더 쉽다는 뜻은 아니야. 다만 가치에 대한 이야기는 언제나 사람을 긴장시키는 법이기에 가능하다면 피하고 싶은 마음이 드는 것일지도 몰라.

그래서 최대한 힘을 빼고 말을 걸어볼게. 우연히 받아든 편지처럼, 혹은 산책중에 누군가 가볍게 던진 이야기처럼 읽어주면 좋겠어.

나는 언제고 니체가 직접 쓴 에세이 같은 글을 써보고 싶었어. 어떤 사상가를 한동안 따라가며 그와 대화를 나누다 보면, 구체적인 개념과 논증들은 뒷전으로 물러나고, 그 이야기를 진지하고 솔직하게 건네는 신기한 '한 사람'의 이미지가 선명히 남는 경험을 하곤 해. 아마도 그래서 평전이 학술서보다 더 많이 읽히는 거겠지.

니체를 어떻게 소개할 수 있을까? 만약 니체를 모르고 그의 책을 읽어본 적도 없는 어떤 사람에게 그를 소개해야 한다면 무슨 말을 해야 할까? 그는 "음악이 없는 인생은 오류"라 할 정도로 음악을 사랑했고, "사상은 언어로 추는 경쾌한 춤"이라 생각했으며, "내가 사랑하는 지혜는 여성"이라고 믿었던 사람이야.

그래서 나는 니체를 이렇게 소개하고 싶어. "니체는 춤과 삼박자 그리고 여자를 좋아했어!" 그리고 나는 니체를 좋아해. 좋아하는 사람은 서로 닮아가지. 그래서 나 역시 춤과 삼박자 그리고 여자를 좋아하게 되었어.

니체는 언젠가 자기가 썼던 글이 미흡하다고 느끼곤 차라리 노래를 불렀어야 했을 것이라고 탄식한 적이 있어. 어떤 철학은 시로 쓸 수밖에 없는 경우가 있나 봐. 그가 '정신의 피'로 쓴 글에는 박자와 리듬 그리고 흥분이 느껴져. 니체는 사람과 세상을 정말로 사랑했던 거지. 운율이 살아 있는 그의 문장을 낭송하며 읽다 보면 정말 춤을 추는 기분이 들어. 쿵짝짝, 쿵짝짝! 그의 문장의 선율을 따라 때로는 90비트로, 때로는 180비트로 생각의 나라를 회전하다 보면, 가끔씩 우아한 여자의 얼굴도 살짝 보이지. 지혜는 그렇게 살짝 나타난다잖아.

니체가 좋아했던(나는 그랬을 거라고 생각해!) 플라톤은 인간을 실들에 묶인 인형(thauma)으로 비유한 적이 있어. 이 실들은 고상하지만 연약한 '이성의 황금 실들'과 견고한 비합리적인 '충동의 강철 실들'이지. 이를 신의 손에 달린 장난감이라고 비관적으로 생각할 필요는 없어. 오히려 이 인형은 합리적인 부분과 비합리적인 부분이 자연스럽게 조정되지 않는데도 불구하고 기적처럼 어떤 조화가 일어난다는 것이 더 중요하지.

인간을 구성하는 것들이 이 인형을 묶은 실들처럼 엉클어지고 어떤 부분들은 탈구되어 있기 때문에 인간에게는 조화를 이루어낼 능력이 주어진 것일 거야. 경우에 따라서는 황금 실과 강철 실이 같은 방향으로 당겨지기도 해. 춤과 음악이 바로 그런 경우지. 대립하는 것들의 투쟁을 통해서 이루어지는 '거대한 조화'라는, 헤라클레이토스가 선언한 웅대한 관념이 실현되는 빛나는 순간이지.

니체라는 사람, 그리고 그의 철학도 이 실에 묶인 인간처럼 보이기도 해. 그의 글들은 자주 서로서로 부딪치고 엉키고 모순되어 있지.

그래도 어느 순간 탈구가 극복되고, 박자와 리듬이 맞아 쿵짝짝, 쿵짝짝! 춤이 진행돼. 그리고 예쁜 여자도 보이지.

  나는 당신에게 이 장면을 보여주고 싶었어. 당신도 춤과 음악 그리고 여자를 좋아하게 되었으면 좋겠어.

양대종

○ 차례 ○

들어가며 ○ 춤과 삼박자 그리고 여자를 좋아하기   6

*1*장

시도를 멈추는 순간
삶도 멈춘다

남과 비교하지 말라고? 경쟁은 객관적 비교다   19
힘을 기르려면 때론 잔인해져야 한다   28
모든 위기를 기회로 만들어야 한다   37
자유정신은 자기극복에서 완성된다   47
꿈꾸는 위버멘쉬는 스스로 길이 된다   56

2장

군중을 넘어 주권적 개인으로 서라

배우의 역할을 넘어서야 한다 — 69
무리 동물에서 벗어나야 한다 — 78
죽은 신을 발판 삼아 새 길을 세워라 — 87
내일과 모레의 인간이 되어야 한다 — 96
주권적 개인들의 공화국을 세워라 — 105

3장

무엇을 하든 생명의 편에 서라

생명을 사랑하는 것이 생명의 본성이다 — 119
싸움의 포기는 위대한 삶의 포기다 — 131
필연을 짊어진 낙타가 되어라 — 143
이해력이야말로 모든 힘의 시작이다 — 153
신이 죽어도 생명은 계속된다 — 162

4장

세상을 향해
열린 사람이 되어라

니체의 산책은 치유와 기다림을 닮았다 — 177
완전한 삶의 주인이 되는 여정 — 187
니체에게 음악은 영혼의 호흡이다 — 196
제대로 읽고 쓰면 사람이 달라진다 — 206
함께한 우정의 길마저 넘어서야 할 산이다 — 215

5장

생존을 넘어 새로운
가치를 잉태하라

배움은 삶을 끝까지 키우는 씨앗이다 — 229
나는 공산당이 싫어요…. 민주주의도요! — 238
건강한 사랑은 결실을 낳는다 — 248
안락만 좇는 삶은 스스로를 소멸시킨다 — 257
사유는 인간을 더 큰 세계로 이끈다 — 266

Nietzsche

1장

시도를 멈추는 순간 삶도 멈춘다

생명 속에 깃든 힘은 만물을 움직이며 다양한 모습으로 자신을 드러낸다. 우리가 원하든 원하지 않든, 생명을 부여받은 자는 그 춤을 멈출 수 없다. 그러므로 이 힘을 긍정하고, 우리가 그 생명이 분출하는 통로가 되는 것은 지혜로운 일이다. 생명이 드러나는 형식들 역시 함께 긍정해야 한다.

생명이 스스로를 확인하고 실현하기 위해 걷는 길에는 경쟁과 시도, 고통과 위기가 포함된다. 저돌적으로 밀려오는 새벽을 막을 수 없듯이, 생명의 도도한 흐름을 가로막을 수 있는 것은 세상에 없다.

물론 우리는 죽음에 대한 두려움으로 인해 생명의 흐름을 부정하고 제어하려 들 수도 있다. 그러나 그것이 무슨 소용인가? 내가 사라져도 생명은 흐른다. 없앨 수 없는 것은 인정하고 받아들여야 한다.

니체는 여기서 한 걸음 더 나아가, 여러 길을 동시에 탐색하는 생명의 법칙을 철학적 방법론과 결합한다. 관점주의적 인식의 긍정과 끊임없는 자기극복이 그가 택한 길이다. 고통과 위기마저 자신을 넘어서는 기회로 전환해 고상한 삶의 형식을 확장하는 것, 바로 이것이 니체가 보여준 세계 긍정의 모습이다. 위버멘쉬와 영원회귀에 대한 사유 또한 이러한 길 위에서 완성되어가는 인간의 상징이다.

남과 비교하지 말라고? 경쟁은 객관적 비교다

    니체는 고대 그리스를 사랑했다. 인류가 이미 실현했던 이상 중 하나인 그리스의 문화와 인간은 그의 사상을 강하게 견인하는 힘이 있었다. 그는 그리스인에게서 문명이라는 장엄하고 화려한 대열의 선두에 서서 보무당당하게 마차를 끌고 가는 반신과도 같은 거인의 모습을 떠올린다. 그리고 니체는 고대 그리스 사회에 관해 시기하고 질투하는 사람들로 가득한 사회였다고 설명한다.

    시기와 질투는 현대인에게 그리 달가운 덕성으로 이해되지 않는다. 오히려 남과 비교하지 않고 평화로운 관계 안에서 살아가는 친절과 인정, 배려 등이 바람직한 사회적 덕성으로 여겨지고 찬양받는다.

    그런데 고대 그리스인들은 시기와 질투를 당연시했다. 그리스인들은 자신보다 나은 인간이 있다는 것을 견디지 못한다. 최소한 자신이 중시하는 활동의 영역에서 최고가 되지 못하면 그 상황을 참을 수가 없는 것이다. 자신이 가진 힘을 최고로 끌어올려서 그 상황을 타개하고 최강자가 되기를 원하고 그러기 위해서 노력한다.

물론 그리스인들도 적대자를 향한 파괴충동과 잔인함, 증오심과 투쟁이 파멸로 이끈다는 것을 알고 있었다. 그러나 그리스인들은 적대자나 자신 그리고 궁극적으로는 공동체를 파멸로 몰아가는 불화의 여신 말고도, 또 다른 선한 불화의 여신 에리스가 인간을 선의의 경쟁으로 몰아가 인간의 기능과 사회를 더 강하고 건강하게 만든다는 것 역시 알고 있었다. 고대 그리스에서 도공은 다른 도공을, 목공은 다른 목공을 시기하고 질투하며 경쟁했다. 가수는 가수와, 거지는 거지와 경쟁했다고 니체는 쓰고 있다. 사회의 모든 영역이 이렇게 긍정적인 시기와 질투와 경쟁으로 자극받으며 강해진다.

✺ 선의의 경쟁이 만드는 공동체

니체는 친구들 사이의 선의의 경쟁을 뜻하는 '아곤(agon)'이 존중되었다는 사실이 가장 고귀한 그리스적 근본 사상이라고 말한다.

> 어떤 그리스인이 위대하고 숭고하면 할수록 그의 야심의 불꽃은 더욱 밝게 빛나며, 이 불꽃은 그와 같은 길을 걷고 있는 모든 사람들을 삼켜버린다. (…) 모든 위대한 그리스인이 계속해서 경쟁의 횃불을 전달한다. 모든 위대한 덕성에서 새로운 위대함의 불꽃이 타오른다. (전집 3권, 335-336쪽)

니체는 철학의 발원지가 마케도니아 같은 제국이 아니라 소아시아의 작은 해변 마을들이었던 이유 역시, 그리스인들이 지혜를 이미 소유한 현자나 은자가 아니라 지혜의 친구였고, 친구들 사이의 선의의 경쟁인 아곤(agon)을 도시국가의 원리로 삼았다는 데서 찾는다. 그리고 그는 그리스인들이 도시국가의 원리이자 생명의 법칙이기도 한 아곤(agon)의 원칙을 생생하게 살려내기 위해 창안했던 몇 가지 제도들을 설명하는 데 노력을 기울인다.

우선 그리스어로 '오스트라키스모스(ostrakismos)'라 불리는 도편추방제(陶片追放制)가 있다. 우리는 통상 도자기 조각이나 조개껍데기에 이름을 써넣은 후, 최다 득표한 자를 공동체로부터 추방하는 이 제도가 독재자의 횡포를 방지하기 위한 것이었다고 학창시절에 배웠다. 그러나 니체는 그것이 조절 장치이기 이전에 힘들의 건강한 경쟁을 활성화하기 위한 자극 수단이었다고 해석한다.

어떤 영역에서건 거장의 역할을 경험하는 것은 아름다운 일이고, 아름다운 것은 우리를 활기차게 한다. 그러나 누군가 너무나 뛰어나 그 영역을 오래 지배하면 그를 넘어서고자 하는 의지와 열정은 생기기 어렵다. 그리고 고인 물은 썩는다. 선의의 경쟁은 인간을 완벽함으로 몰아가고, 한 명의 천재는 경쟁을 통해 연이은 천재를 자극해 공동체를 건강하게 만든다. 진실로 비인간적인 증오와 파괴욕의 소름끼치는 야만성의 심연은 오히려 '경쟁에서 벗어났다'고 착각하는 위대한 인물을 통해서 드러난다. 그리스인의 명예는 오직 지속적인 경쟁을 통해서만 유지된다. '경쟁 없는 사회는 타락한다'는 것은 그리스인의 상식에 속했다.

우리 학교에는 '베스트 티처(best teacher)상'이 있다. 매 학기 말에 최고의 선생을 뽑아 그 업적을 기념하고 보상하는 제도다. 학생들은 기말시험 점수를 최종 공개 전에 미리 보려면 강의 평가라는 것을 해야 한다. 한 학기 자신이 들은 강의를 담당한 교수가 강의를 위해 사전에 제대로 준비했고, 약속을 지킬 실력이 있으며, 실제로 약속을 지켰는지, 그 수업을 통해서 인생에 대단한 역할을 할 지식이나 지혜를 전수했었는지를 평가하는 것이리라.

이 강의 평가 점수가 아마도 최고의 선생을 선정하는 데 결정적인 요소일 것이다. 부상도 있는 것으로 안다. 무엇을 얼마나 주는지 나는 아직 모른다. 학생들을 가르치는 것을 업으로 삼은 나도 당연히 한 번쯤은 이 상을 받아보고 싶다. 학생들도 내 소원을 안다. 그런데 항상 높은 점수를 주면서도 결정적인 도움을 주지는 않는다.

그래서 도편추방제를 우리 학교에 도입하는 것을 상상해보았다. 국가건 학교건 모든 현대 사회는 최고의 인물을 구성원으로 갖기를 원한다. 파격적인 보상을 하고서라도 최고의 기술자, 최고의 학자, 최고의 예술가를 스카우트하는 것이 당연한 것으로 여겨진다. 하지만 그리스에서는 베스트 티처로 선정되면 추방된다. "당신은 다음 학기부터 학교에 올 수 없습니다!"

어쩌면 우리과 학생들은 내가 학교를 떠날까 염려되어서 베스트 티처상을 못 받게 하고 있는지도 모른다. 안 그래도 된다. 귀여운 미래의 '금잔'의 주인들아!

✺ 누가 가장 지혜로운가?

금잔이라는 것도, 선의의 경쟁과 관련이 있다. 던져야 하는 질문은 이것이다. "그리스 칠현인은 모두 몇 명인가?" 일곱 명이라고 생각하겠지만 그렇게 간단하게 나올 답이었다면 수사학적인 질문도 던지지 않았을 것이다. 그래서 학생들은 이 질문 앞에서 숨죽이고 눈을 빛낸다.

니체가 소개하는 '그리스 칠현인'이라는 이 독특한 제도는 델포이 신전이 일곱 명의 현자를 구하는 일로부터 시작되었다. 델포이 신전이 어떤 곳인가? 고대 그리스에서 델포이는 예언의 장소이자 윤리적 교육의 장소이고, 인간의 양심을 수호하는 중심지였다. 그리고 그리스의 종교와 교육과 철학의 공동의 고향인 그곳에서 이제 인생을 통해 그리스에 모범이 될 만한 일곱 명의 현자를 찾는다.

니체는 칠현인 제도가 당시 그리스에서 점했던 위상을 가톨릭의 성인 시봉식에 비유한다. 가톨릭의 성인이 신도의 모범이 되듯이, 누구나 납득할 만한 지혜의 경지에 이른 자만이 그곳 현인의 지위를 갖기에 합당하다. 그런데 우리에게 전해오는 칠현인의 숫자는 어이없게도 26명에 달한다. 이 중 확실히 칠현인에 속하는 사람은 탈레스, 솔론, 비아스, 피타코스, 네 명에 불과하다.

무슨 일이 벌어진 것인가? 전설에 따르면 어부들이 밀레토스 앞바다에서 금잔을 건져올린다. 대부분의 전설처럼 칠현인의 전설 또한 전설마다 약간의 편차를 보인다. 전설에 따라 배가 좌초한 곳에서 삼각대가 건져올려지거나, 대접이나 금잔이 최고로 지혜로운 자에게

수여되기 위해 특별히 제작되기도 한다. 아무튼 최고로 지혜로운 자의 상징인 성물(聖物)이 델포이 신전으로 보내지고, 신전은 가장 지혜로운 자를 찾아 이것을 전한다.

그렇게 탈레스로부터 다음 사람으로 연속해서 주인이 바뀌며 넘겨지던 금잔은 네 번째 현자인 솔론에 의해 다시 델포이 신전에 보내진다. '신보다 지혜로운 인간은 있을 수 없다'는 것이 그 이유다.

그리고 이것이 그리스 전체를 윤리적 경합으로 몰아가는 신의 한 수가 된다. 그리스의 모든 폴리스는 이제 이 명예의 전당에 자국의 현자를 앉히고자 노력한다. 그렇게 남은 세 명의 현인 자리를 놓고 그리스 전역에서 지혜의 경합이 북돋아진다.

도편추방제와 신전을 통한 칠현인의 선정 방법은 모두 현대의 정서와는 다른, 생명을 적극적으로 긍정하는 그리스인의 안목과 책략을 보여준다. 누구도 영원히 최고로 뛰어난 자여서는 안 된다. 선의의 경쟁이 고갈되는 순간, 그리스 국가의 영원한 생명의 근거가 말라죽기 때문이다.

삶을 잉태하는 경쟁이 계속될 수 있도록 최고 실력자를 추방하거나 거듭 자리를 바꾼다. 탁월한 개인을 제거하는 대가로 남아 있는 사회성원들은 계속된 힘의 경주로 고무된다. 모든 능력과 덕성은 오직 상호 경쟁과 경합을 통해서만 장려되고 육성되었다. 음악적 드라마나 소피스트들의 대화처럼 다양하게 세분되어 있는 그리스의 웅대한 교육 전체가 전적으로 이 경쟁의 원칙인 아곤(agon)에 의해서 운영되었다.

☀ 최고의 적과 경쟁할 때 삶이 고양된다

 힘을 확장해 생명을 고양하는 데 있어 싸울 만한 적수는 애매한 친구보다 나을지도 모른다. 차라투스트라는 제자들에게 겨뤄본 것 자체가 명예가 되는, 그러한 흠 없는 적을 가지라고 권한다. 경멸할 만한 적과의 싸움은 명예롭지 못하다. 투혼과 능력이 당당하고 자랑스러운 적과의 싸움은 설령 그가 나를 이기더라도 나를 기념되게 만든다. 니체가 소크라테스나 쇼펜하우어 혹은 바그너를 비판하는 것 역시 같은 맥락에서 이해할 수 있다. 그는 그가 그들의 영향 아래에서 한동안 자신을 단련해왔던 사실을 그들과의 오랜 싸움을 통해서 기념하고 있다.

 정당한 싸움과 긍지와 명예에 대한 본능은 모두 고양되고 확장되고 상승하는 삶의 편에 서 있다. 그래서 진정한 친구가 된다는 것은 동시에 기꺼이 그의 적수가 되어 전쟁을 치르기도 한다는 것을 의미한다. 그렇게 그들은 함께 성장하고, 서로가 서로에게 동경의 화살이 되어 자극한다. 차라투스트라는 그에게서 최상의 적을 찾을 수 있는 친구를 두라고 권한다. 최상의 적과의 당당한 싸움이 우리를 단련시키고 삶을 긍정하게 만들기 때문이다. 그는 인생에서 우리의 명예가 되어야 하는 것은 자신을 뛰어넘고자 하는 의지와 그것을 수행한 발길뿐이라고 단언한다.

 생각해보면 금욕도 자신과의 싸움의 한 형식이다. 그래서 인식에 생명을 바친 철학자에게 금욕은 자신을 넘어서고, 생명의 힘이 실존의 비밀을 푸는 데 집중되게 만드는 소중한 무기가 되기도 하는 것이다. 가톨릭 교회에서 거세된 자는 왜 사제가 될 수 없는가? 금욕은 단순히 무엇인가를 포기하는 것이 아니라, 열망과 갈등을 안고서도 본능을 초월해 더 큰 것을 지키고 이루겠다는 적극적인 의지의 발현이기 때문이다. 열정과 욕망을 자신 안에 담고 있는 자, 포기할 것이 있는 자가 위대한 금욕주의자가 되는 법이다. 세상에 냉담하고 무관심한 자는 금욕을 통해 자신의 위대함을 시험하지 않는다.

청년의 정신이 보이는 필연적인 낙타의 성향은 자신의 넘치는 힘을 긍정하는 자에게서 가장 뚜렷하게 구현된다. 청년기 그리스인들의 삶에 대한 애착이 그들로 하여금 각자의 영역에서 최고의 인간이 되는 경쟁에 평생을 바치도록 그들을 고무해간 것이다.

그러나 우리가 잊어서는 안 되는 사실이 하나 있다. 그리스인들을 다른 민족과 구별하는 특성인 '친구들 사이의 선의의 경쟁'에 있어서 타인을 시기하고 질투하는 개개인은 모든 영역에서 자신만이 자격 있는 유일한 인간인 것처럼 경쟁에 임한다. 그러나 중요한 것은 경쟁의 승부를 결정하면서 그리스인들이 내재적 합법칙성을 인정하고 있다는 점이다.

심판관들이 투쟁의 승리를 결정하기 위해 내리는 객관적 판단은 냉정하고 확실한 기준을 따르고 있다. 역동적인 투쟁이 혼돈과 변화 속에서 진행되는 것처럼 보일지라도 그 투쟁은 실상 '통일적이고 합법칙적이며 이성적인 디케의 정의롭고 지속적인 작용'이라는 것을 그리스인들은 확신했다. 그들에게 경쟁은 생명을 추동(推動)하는 냉엄하고 객관적인 비교다.

　인간은 신과도 겨루고 싶어 한다. 니체는 만일 신이 있다면 내가 신이 아니라는 것을 어떻게 견디겠느냐고 묻는다. 신의 영역을 침범해서 인간의 문화와 권리를 신장시키는 자들, 먼 인식의 바다에 기꺼이 배를 띄우고 보물과 신대륙을 꿈꾸는 프로메테우스의 후예들! 우리의 항해가 발견과 성취의 순간보다 더 많은 시련과 기갈과 굶주림으로 점철되더라도, 인간이 성장하는 모든 순간 항상 팽팽한 활시위처럼 당겨져 있던, 인류의 영웅들이 보여주었던 정서와 몸의 긴장을 기억하자. 인식의 확장이 일어나는 순간마다 우리를 덮치던, 신보다 더 신적인 인간의 웅장함이 우리를 계속 저 휴브리스(Hybris, 오만)의 길로 몰아붙이기를!

"니체가 본 그리스 사회는 시기와 질투를 부정하지 않고 오히려 경쟁을 통해 힘을 끌어올리는 문화를 가졌다. 선의의 경쟁 '아곤'은 공동체를 건강하게 만들고, 탁월한 적수와의 싸움은 삶을 고양시킨다. 그래서 비교와 경쟁은 단순한 감정 싸움이 아니라 생명을 추동하는 객관적인 비교다."

힘을 기르려면
때론 잔인해져야 한다

14년 만에 자동차를 바꿨다. 폐차한 차는 열쇠를 꽂아 돌려서 시동을 걸어야 했었다. 나에게는 과분한 차였고, 달리고 멈추는 제 기능을 잘하는 것만으로도 충분히 만족스러웠다. 새 차를 사면서 14년의 기술적 진보를 마주하게 되었다.

모든 것이 낯설다. 차폭이 더 넓어져서 차로를 꽉 채우는 느낌이 살짝 두렵다. 스마트키의 생김새부터가 사람을 움츠러들게 한다. 무슨 이유가 있어서 이렇게 큰 걸까? 주머니가 묵직하다. 잃어버릴 염려는 없을 것 같다. 눌러서 시동을 거는 것은 다른 사람들 차를 몇 번 얻어 타면서 봐서 그런지 쉽게 이해했다. 그런데 주행중 잠시 멈출 때 시동이 저절로 꺼졌다가 액셀러레이터를 밟으면 다시 가는 것은 며칠이 지났어도 아직 적응이 안 된다.

차로를 조금만 이탈해도 핸들이 저절로 벌벌 떨어서 깜짝 놀란다. 새 차에 적응하려고 이것저것 눌러보다가 라디오가 켜졌는데 끌 수가 없었다. 소리를 죽이는 것을 어찌어찌 찾아서 볼륨을 줄였지만, 완전히 끄는 법을 알아내고 싶었다. 이것저것 누르다 느닷없이 텔레비전이 켜진다. 목적지에 도착할 때까지 한참을 그냥 켜고 달렸다. 간신히 주차 버튼 두 개를 눌렀고, 이제 내려야 하는데 시동이 꺼지지 않는다. 아이고, 14년 기술의 진보를 건너뛰는 일이 하루아침에 되겠는가? 천천히 친해지기로 결심하고 내렸다. 알고 보니 다시 시동 버튼을 누르면 되는 거였다.

인간이 만든 사물을 이해하는 것도 이렇게 어려운데, 하물며 새로운 이념이나 도덕, 가치를 이해하는 것이야 어떨까! 사람은 생각보다 쉽게 변하지 않는다. 그런데 니체는 이런저런 가치를 바꿔가면서 새로운 가능성을 알아보고, 그것을 한계에 이를 때까지 실험해보았다고 한다.

하나의 가치관을 의도적으로 바꿔보는 것만으로도 사람은 지치기 마련이다. 그것을 빠르고 전폭적이고 진지하게 행한다면 그것은 자신을 고문하는 것과도 같다. 몸에 맞지 않는 새로운 옷이나 신발을 착용하고 어기적거리는 니체의 모습이 눈에 선하다.

니체는 이러한 가치의 실험을 대략 스무 살 때 시작했다. 자신이 그때껏 당연하다고 생각해온 가치들은 문화적 편협함에서 생겨난 것에 불과하다는 깨달음이 그를 부단한 가치의 실험과 자기극복이라는 실험으로 몰아간 것이다. 포괄적인 통찰에 이르기 위해 그 일을 20여 년간 진지하게 했으니, 힘들게 찾아낸 귀한 진주 같은 인식이 간혹 있을지언정 그의 몸은 만신창이가 되었으리라.

✺ '다시 묻는' 관점 전환이 삶을 바꾼다

가장 사랑스러운 것을 헤집어 이면을 바라보고, 비방되고 중상받던 것을 귀중한 것으로 느끼고 살아내는 일은 니체 스스로 표현하듯 "전체적으로 어마어마한 나쁜 놀이"일 수 있다. 그리고 이런 유희는 결코 인간을 용서하지 않는다. 시대에 역행해서 사는 일, 가치의 근원을 탐색해 전복하는 일, 상식과 도덕에 반하는 평가를 공공연히 토설하는 일은 인간을 외롭게 만들고 병들게 한다.

그러나 니체는 그렇게 생긴 병과 고통과 고독과 방랑의 피로에도 불구하고 여전히 자신의 유희에 최선을 다했다고 회상한다. 그리고 "이 모든 일들의 배후에는 더 계속되는 호기심과 엄청난 시도에 대한 의지가 있었노라"고 고백한다.

> 나에게는 온갖 가치들이 전환될 수 없는가 하는 생각이 떠올랐고, 항상 다음과 같은 물음이 다시 다가왔다: 모든 인간의 가치 평가란 무엇을 의미했던가? 이러한 가치 평가는 삶의, 네 삶의, 더 나아가 인간적인 삶의, 마지막으로는 삶 일반의 조건으로부터 무엇을 드러내는가? (전집 18권, 510쪽)

그는 그렇게 영혼의 호두를 까서 실존의 비밀을 탐구하고자 한다. 하나의 사태는 어떻게 그 전모를 드러내는가? 학문의 세계에서 지식을 획득하는 데 정도는 없다. 그렇다면 고찰되는 대상은 매번 우연히 주어지는 상황마다 다르게 태도를 바꿔가며 시험적으로 다루어져야 한다. 니체는 탐구하는 자는 시험하는 자라고 말한다. 그는 사태의 전모를 인식하기 위해서는 선과 악을 바꿔가며 정열과 냉담함을 모두 가져야 한다고 권한다.

 인식의 길에서 고찰의 대상으로부터 무엇인가를 얻어내기 위해서는 숭배, 탈취, 폭력, 경솔, 악의가 모두 허용된다. 탐구에 있어 대담한 도덕성을 가진 자는 자신이 타인에게 어떻게 비치는지 신경 써서는 안 된다. 이러한 파우스트적 태도는 실로 인식에 모든 것을 거는 것이다. 그것은 시간과 감정과 지성과 의지와 생명을 다 걸고 한 사태를 진지하게 궁구하는 것이다. 이러한 니체의 입장을 드러내는 인식 방법은 '관점주의'라고 불린다.

> 오직 관점주의적인 바라봄만이, 오직 관점주의적인 '인식'만이 존재한다: 우리가 한 사태에 대해 좀더 많은 정서로 하여금 말하게 하면 할수록, 우리가 같은 사태에 대해 좀더 많은 눈들을, 다양한 눈들을 투입하면 할수록, 그 사태에 대한 우리의 '개념'이나 '객관성'은 더욱 완벽해질 것이다. (『도덕의 계보』, 483쪽)

 '장님 코끼리 만지기'라는 표현은 우리가 처한 시점과 입장에 따라서 진리의 일부분만이 고찰될 뿐이라는 사실을 나타낸다. 인간의 인식과 판단은 자신의 처지와 상태를 반영하기 마련이다. 구매자인지 판매자인지에 따라 거래의 상황을 달리 보게 된다. 같은 사람이라도 그가 건강할 때와 아플 때 외부의 상태는 다르게 느껴진다. 이러한 사실을 인식 상황 전반으로 확장하면, 이제껏 거울로 보였던 것이 동그란 구형의 입체로 변한다.

그래서 니체는 한 사태에 대한 이해의 완성도를 높이고 지식을 강화하려면 다양한 입장과 상태에서 다양한 시선을 다각도에서 사용해야 한다고 말한다. 수백 개의 거울 면이 있어 플로어를 현란하게 비추는 미러볼을 모든 측면에서 바라볼 수 있는 사람은 없다. 우리는 오직 매번 다른 각도에서 그것을 바라볼 뿐이다. 매번의 시도는 각각의 거울 면들을 바라보는 하나의 관점을 연습해 갈무리하는 것에 불과하다.

하나의 관점으로는 한 사태의 모든 것을 밝혀낼 수 없다는 사실에 따라서 니체는 해석의 다양성을 존중하고 조장한다. 그것이 설령 인류 전체가 믿고 있는 유일한 해석이라고 하더라도 니체는 여전히 다른 관점의 해석이 가능하다고 역설한다. 그래서 시대의 편견과 습관에 가려져 없는 것처럼 보였던 관점을 시험하고, 사태에 대한 새로운 해석을 감행해야 한다고 주장한다. 그가 자신의 철학함을 통해 기존의 가치를 전도해 실험하고 새로운 의미의 지평을 열어 후세에 전한 일은 이것을 웅변적으로 증명한다.

시지프스 신화를 처음 접하면 보통 불쌍한 코린토스의 왕과 나를 동일시하고 부조리나 운명의 힘 앞에서 무력한 인간을 직시하며 절망하게 된다. 그러나 카뮈가 글의 마지막에 행복한 시지프스를 상상해보라고 권했던 것을 생각하며 가끔 질문해본다. 돌이 다시 굴러 내려가는 것을 바라볼 때나 다시 그 돌을 잡으려고 내려갈 때나 아니면 다시 돌을 정상으로 밀고 올라갈 때, 시지프스는 무슨 생각을 할까?

카뮈는 인간의 마음을 가득 채우기에 충분한 '산정(山頂)을 향한 투쟁' 자체를 바라보자고 한다. 의미 없고 부조리하고 잔인한 고역으로만 보였던 그의 행위에 다른 전망이 있을 수도 있는 것이다. 굴러 내려가는 돌을 따라 내려갈 때가 우연히 밤이었다면 그는 별을 올려다보기도 했을 것이다. 올라갈 때 못 본 꽃을 내려올 때 보았다는 시 구절처럼, 시지프스는 눈앞의 부조리를 넘어 자신의 영혼을 위로하고 스스로를 돌보는 순간들을 영위했을 것이다. 부조리가 반복됨에도 불구하고 그는 어쩌면 당장은 보이지 않는 실존의 의미를 채울 만한 성찰에 이르렀으리라.

시지프스의 신화는 카뮈가 세계와 인간을 바라보는 해석의 틀이다. 그러한 틀을 통해 얻어지는 성찰의 결과물들은 그것이 어떤 성격의 것이건, 그 틀이 없었을 때는 쉽게 보이지 않았던 귀한 진주들이다. 카뮈는 이를 통해 인류에게 인간이 무기력과 부조리마저도 긍정으로 바꿔낼 수도 있다는 사실을 선물한다. 그리고 그러한 새로운 가능성의 통찰은 인간의 시야를 확장하고, 질곡으로 작용하던 협소한 관점으로부터 인간을 해방하는 치유의 힘을 가지고 있다.

기존의 관점을 바꿔보는 것은 힘들고 고단한 일이지만, 성공할 경우에 그것은 새로운 지평을 여는 일이고 생명의 힘을 키우는 일이다. 어쩌면 바로 이런 이유로 인간을 성찰로 인도하고 영혼을 돌보는 철학이 고대에는 의술로 비유되었던 것인지도 모른다. 막다른 골목에 갇혔다고 생각하다가 누군가와의 대화나 독서, 느닷없는 통찰을 통해 마음이 바뀌는 경험을 해본 적이 없는가? 생각을 바꾸는 순간, 사태를 대하는 내 태도가 달라지고 세상은 풍요로워진다.

✺ 정신이 얼마나 많은 진리를 견뎌내는가?

관점을 바꾸는 일은 역사의 연구를 통해서도 일어난다. 사실, 역사에 관심이 있는 자는 현재가 어째서 이런 모습인지를 이해하고자 하는 자다. 어쩌면 그는 현재에 만족하지 못하는 자다. 그렇다면 그의 삶을 짓누르는 암울한 현재는 그에게 탈출할 구멍이 보이지 않는 미로와도 같다. 그리고 그에게 실타래를 건네는 아리아드네는 존재하지 않는다. 미래를 미리 볼 수는 없기에 그는 지난 과거에서 현실을 타개할 방편을 구한다.

역사 속에서 우리가 찾는 것은 단초(端初)다. 새로운 꿈이 가능해질 수 있는 단초, 새로운 이상을 형성시킬 수 있는 단초, 우리가 거기 머물러 있다가 도약할 때 나타날 인간의 고양과 성숙을 이루어낼 실마리가 바로 우리가 찾는 것이다. 그는 거기에서 현재가 흘러나왔지만 달리 갈 수도 있었을 가능성을 실험해본다.

자본주의의 폐해가 심각해질 때 학자들은 그 난관을 타개할 가능성을 찾기 위해 과거의 정치경제 이론들을 세세히 들춰본다. 마르크스가 소환되고 새로운 해석이 시도된다. 많은 학자가 마르크스 원전의 새로운 해석을 통해 자본주의적 착취가 없는 자유로운 노동의 존재 방식을 만들어내고자 애쓴다. 심지어 니체의 아곤을 민주주의와 화해시키려는 시도도 있다.

무엇이 우리를 이러한 인식의 길로 떠미는가? 우선은 탈출에 대한 희망이 불러일으키는 미지의 세계를 향한 지치지 않는 무자비한 호기심이다. 그 결과 우리는 잔인할 정도로 탐구에 몰두하게 된다.

니체는 자신의 철학을 '실험-철학(Experimental-Philosophie)'이라고 불렀다. 그는 자신이 걸어온 인식의 과정을 얼음과 사막을 더듬는 방랑에 비유한다. 가치로부터의 해방이 질병과 파멸을 의미할 수도 있다는 것을 알면서도, 그는 현재를 지배하는 가치들을 뒤집고자 과거의 가치들을 새롭고 다양한 각도에서 살피며 새로운 가능성을 적극적으로 실험한다. 그 아래서 고통받았던 사상이나 가치를 포기하지 않고, 그것을 다른 뉘앙스로 해석해 긍정적으로 포섭해낸다는 것은 극복의 증거다.

가까운 거리에서야 관찰이 가능해지는 것들은 니체에게 비밀스럽게 마주 보는 적대관계를 암시한다. 그는 자신이 행한 바그너에 대한 칭찬과 경의에 이미 분리와 결별이 들어 있었노라고 고백한다. 극복한 것에 대해서만 말해야 한다는 그의 문장은 이미 오래전에 터졌던 화약 냄새를 풍긴다. 니체는 자유정신을 위한 책이라고 칭했던 『인간적인 너무나 인간적인』을 소개하면서 이러한 극복 이후에 이미 발생한 전투의 증거를 확인하는 심리학자의 냉담함에 대해서 말한다.

설령 손에서 피가 나올지라도 니체는 자신의 아래와 배후에 가지고 있었던 수많은 고통스러운 것들을 찾아 확실하게 찔러보기를 주저하지 않는다. 그리고 그는 이러한 확인행위가 '용기'에서 비롯된 것이라고 밝힌다.

> 정신이 얼마나 많은 진리를 견뎌내는가? 얼마나 많은 진리를 감행하는가?'
> - 이것이 내게 진정한 가치 척도가 되었다. 오류는 비겁함(Feigheit)이다. (…)
> 인식의 모든 성과는 용기에서, 자신에 대한 엄격함과 청결함에서 나온다.
> (전집 21권, 354쪽)

하나의 사태에 다양한 관점과 가능성이 열려 있다는 사실을 깨닫기 위해서는 세밀한 눈과 이해를 위해 노력하는 불굴의 의지와 용기가 필요하다. 양서류처럼 오래 머물러 하나의 사태를 파악하고 새로운 가치를 끝까지 살아내는 일을 통해서야 그 사태와 가치를 다른 것과 비교할 힘이 생긴다. 즉 뉘앙스를 보는 눈을 기르는 것은 바른 판단력으로 연결된다. 인간의 힘은 그렇게 고양된다. 수련 과정에서 전력을 다해야 좋은 의사가 된다. 자신의 지식과 기술을 연마하기 위해 무수한 병의 사례를 살피고 다양한 해부를 해봐야 하며, 그래야 병과 싸울 수 있다.

"니체는 기존의 가치와 도덕을 뒤집는 고통스러운 실험을 통해 자기극복을 추구했다. 그는 다양한 관점에서 사태를 시험하며 진리에 도전하는 용기를 철학의 본질로 삼았다. 고통과 병마저도 감내하며 새로운 의미를 발견하는 그 태도가 삶을 고양시키는 힘이 된다."

모든 위기를
기회로 만들어야 한다

현대는 위기의 시대다. 과거에 비해 이상하게 위기가 많다. 위기가 많은 세상은 혼란스럽다. 위기를 감지하는 능력이 진보한 것일까? 아니면 위기를 정밀하게 측정하는 기술이 발달하고 측정기구가 늘어나서 그런 걸까? 너무나 많은 사람이 위기를 진단하고 자신이 그것을 치료할 수 있다고 주장한다. 심지어는 없는 위기를 조장하고 만들어내서라도 그 위기를 다룰 수 있는 전문가가 바로 자신이라고 주장하는 것을 직업으로 삼은 사람도 있다. 실로 혹세무민하는 악마적 리바이어던들이 현대를 위기 사회로 만든다.

부정적인 단어로 자신의 시대를 표현하는 일은 항상 미래학자들이 해오던 일이지만, 20세기 후반부터 세계는 특히 암울하게 묘사된다. 9·11 참사 후에 우리는 위기가 일상에 상존하는 중요한 요소라는 사실을 체화해냈다. 공항검색대의 세밀한 수색과 무장 경찰의 존재는 이제 그다지 신경 쓰이는 일이 아니다.

나에게 위기는 언제였을까? 탄생, 미지의 가족과의 조우, 감기, 죽음의 예감, 선생님, 친구, 독서, 음주, 사랑, 결혼, 아이, 직장 등 모든 단어 앞에 '첫' 자를 붙여야 할까? 첫 선생님, 첫 독서…. 독서는 지금도 매번 위험하다. 만남도 그렇다. 내가 특별히 소심하거나 겁이 많은 것 같지는 않다. 그렇지만 위기는 내 삶의 모든 순간에 있다. 어떤 사람은 이렇게 물을지도 모른다. 다 좋아 보이는 것들인데 왜 위기라고 하냐고.

✹ 위기라는 단어의 의미

위기는 어떤 상황을 나타내는 단어인가? 우리 현대인은 위기를 결정이 유예된 어정쩡한 상태나 혼란한 상황으로 이해하는 경향이 있다. 명확하게 어느 한쪽으로 결정이 나지 않은 상황은 사람을 불안하게 만든다. 이해할 수 없고 불안한 상황으로 인해 향배를 결정하는 것이 방해받고 불가능해지는 때가 바로 위험한 고비나 시기다. 혼란한 상황에 대한 의심과 당황이 우리를 지배하고, 판단과 결정을 불가능하게 만든다.

그러나 위기라는 말의 그리스 어원인 krisis라는 단어는 의외로 판단(判斷) 혹은 결정(決定)을 뜻한다. 판단은 한자의 의미처럼 나누고 쪼개고 구별하는 일이다. 결정은 제방이 터져 넘쳐흐르는 물을 갈라 방향을 정하는 일이다. 위기는 흐르던 물이 둘로 갈라지는 때이고, 여러 가능성을 나누고 구별해 결정을 해야만 하는 때다.

　판단이 나누고 쪼개는 일이라는 사실은, 그 판단과 함께 판단하는 주체도 둘로 나뉜다는 사실을 암시한다. 문제가 되는 위기의 상황은 행해지는 결정과 함께 내가 겪는 자극과 의지가 필연적으로 달라지는 상황이다. 나뉘고 분리되는 상황이 항상 명확한 판단을 보장하지는 않는다. 상황을 나누고 가능성을 분리해도 그중 어떤 쪽을 택해야 안전한지 모르는 경우도 생긴다. 아마도 이런 이유에서 위기라는 단어에 불안하고 어정쩡하고 혼란하다는, 현대적 의미가 생겨났을 것이다.

　파리스가 세 여신의 아름다움을 놓고 내린 저 유명한 판단은 트로이인들과 그리스인들 사이에 위기를 가져왔다. 그 결과 한 민족은 망하고, 다른 민족은 수많은 파국을 경험하게 된다. 위기와 판단은 내밀하게 얽혀 있다. 하지만 현대적 이해에서도 위기가 판단과 결정을 요청한다는 점은 달라지지 않는다. 적절한 판단을 내리고 결정하지 못한다는 것, 그것이 바로 어찌할 바를 모르는 위기다.

　그래서 모든 탄생은 위기다. 새로 태어난 자는 생명이 이끄는 힘이 자신에게 이로운 것인지, 해로운 것인지 쉽게 판단할 수 없다. 처음 겪는 모든 상황이 그의 판단력에 제대로 된 알찬 정보와 지식을 제공하지 못하기 때문이다. 보통은 판단을 유보한 채, 생명이 장착해둔 본능이 이끄는 대로 간다. 그리고 탄생에 있어서는 그게 바로 살길이다. 그 후에 오는 첫 경험들에는 안개에 싸였지만 의지할 수 있는 지식과 정보가 있다. 선생이 무엇이며, 학교가 무엇이고, 공부가 무엇이며,

친구란 무엇인지에 대해서 우리는 간접적으로나마 들어본 적이 있고, 어느 정도는 기대에 부풀어 첫 상황을 마주한다. 하지만 모든 상황은 판단과 입장의 결정을 요청한다는 점은 바꿀 수 없는 생명의 법칙이다. 그리고 새로운 상황이 가지고 있는 가능성들 앞에서 판단과 결단을 요구하는 위기가 열린다.

위기 중의 위기, 가장 큰 위기는 위기를 오해하는 것이다. 거칠고 확실한 악은 모두가 알아채고 위험을 감지할 수 있다. 그러나 세련된 악, 진실과 아름다움의 옷을 입고 찾아오는 세련된 악마야말로 진정한 위험이다. 두려움을 느끼고 도망치거나 탈출과 저항의 방법을 모색해야 할 상황에서 사람들은 오히려 사로잡히고 매혹되고 환호한다. 위기를 위기로 파악하지 못하고 오해하기 때문이다.

✹ 신의 죽음은 위기 중의 위기다

니체가 말하는 신의 죽음이 그러한 위기 중의 위기의 대표적인 예다. 발생한 사건이 엄청나고 대단할수록 그것이 확실히 감지될 때까지 오래 걸리는 법이다. 아마도 그 사건이 불러일으킨 큰 결과들이 모두 전개되어 드러나기까지 상당한 시간이 필요하기 때문일 것이다.

나는 아버지가 돌아가셨을 때, 장례를 치르고 손님을 맞고 삼우제를 지내는 동안 멍하니 시간을 보냈다. 다시 일상이 시작되고도 상실에 대한 느낌은 들지 않았다. 아버지의 죽음은 거의 일 년이 지나서야 내게 현실로 다가왔다. 평생 내 인생의 중요한 국면마다 푯대가 되셨던 아버지의 부재는 상당한 시간이 걸려서야 구체적인 현실이 되었다. 이처럼 그 의미가 나중에야 드러나는 일상의 사건들이 있는 법이다. 하지만 위기에 대한 진정한 오해는 우리의 상상력을 훨씬 능가해서 비교의 가능성마저 보이지 않는 엄청난 사태에서 발생한다.

신의 죽음은 모든 가치는 근거가 없다는 사실이 밝혀진 상황에서 서구 문명이 봉착한 위기를 진단하는 명제다. 신의 죽음은 새로운 가능성을 인지하지 못하는 인간의 왜소화와 가치 허무주의를 낳는다. 니체는 인류가 의지해온 위대한 가치들과 이상들의 긍정적인 논리적 결론이 바로 허무주의라고 말한다.

> 왜 허무주의의 도래가 이제 필연적인가? 왜냐하면 우리의 기존 가치들 자체가 그들의 최후의 결론을 허무주의 안에서 도출하는 것들이기 때문이다. 허무주의는 그 끝에 이르기까지 생각된 우리의 중요한 가치들과 이상들의 논리이기 때문이다. (전집 20권, 519쪽)

그래서 니체는 몇 세기 전부터 문화 전체에서 감지되는 긴장과 그에 따라 필연적으로 따라올 수밖에 없는 대혼란으로의 질주에 대해서, 즉 필연적인 허무주의의 도래에 대해서 말하는 것이다. 허무주의 안에서 나올 수밖에 없는 가치들과 이상들이 인류를 지배해왔었다는 통찰은 가치 일반에 대한 의심과 실망을 낳는다. 인간은 아무것도 신뢰하지 못하고 어떠한 새로운 일도 행하지 않는다. 이것을 운명에 대한 사랑과 삶에 대한 긍정으로 바꾸는 일이 니체 철학의 대주제다. 위기를 기회로 바꾸는 일은 어떻게 가능한가?

위기의 상황에서 길이 갈라질 때, 우리는 올바른 선택을 위해서 노력한다. 그러나 니체는 갈라진 두 길을 모두 가서 살아보는 가치의 실험을 감행하고 이를 통해 위기를 극복할 수 있기를 바란다. 그는 삶이 인식을 위한 실험이어도 된다는 깨달음이 자기를 찾아왔을 때부터, 위험과 승리로 점철된 영웅적 삶이 시작되었다고 회고한다. 모든 것이 인식의 도구여도 된다면, 삶이 인식의 과정으로 충분하다면 가능성으로 열린 두 길을 미리 가보는 것은 삶에 도움이 된다. 두 길뿐이겠는가? 될 수 있으면 많은 길과 위기를 찾아 시험해야 하지 않겠는가? 물론 그는 이 실험에서 자신의 영혼과 몸이 다양한 번영과 위기를 체험했다고 고백한다.

그러나 그 변화와 위기에도 그는 근본을 캐면서 인간의 미래를 염려하고 있었다. 그 과정에서 그는 가끔은 적의 편에서도 싸웠는데, 그것이 그에게 승리의 비밀이 된다. 니체에게 인류사에 등장했던 모든 가치는 삶이 변화했다는 증거이자, 그러한 가치 판단을 통해 자신의 삶을 긍정한 삶의 유형이 있다는 증거다. 그래서 그는 모든 가치들 앞에서 그것이 삶의 위기와 빈곤, 퇴화의 징조인지 삶의 충만함과 힘과 확신의 증거인지를 캐묻는 것이다. 니체의 철학은 상승과 하강의 파도를 타고 생명의 강을 건너온 가치들에 대한 해석학이다.

❋ 가치에 대한 반성을 통해 열리는 새로운 길

니체에게 위기는 없애버려야 하는 것이 아니다. 모든 종류의 위기를 제거하려는 시도는 그에게 최고의 어리석음으로 보인다. 어떠한 내적인 위기도 경험하지 못한 자는 평안한 삶을 살았을지 모르나, 그는 니체의 눈에는 다만 천할 뿐이다. 생명 전체를 보는 거시경제에서 불필요한 것은 없다. 실재성의 필연과 큰 움직임은 크고 작은 위기가 생명의 진행에 없어서는 안 되는 것이라는 것을 증언한다. 니체는 필연적으로 도래하는 허무주의가 가장 큰 위기가 될 것이라고 예고한다. 그리고 그는 그것을 탓하지 않는다. 오히려 인류가 가치에 대한 반성을 통해 경험하는 새로운 전율은 새로운 길을 여는 결단의 시간이 될 수 있다.

> 나는 가장 큰 위기들 중의 하나, 즉 인간이 가장 깊은 자기반성을 하는 한 순간이 있다는 것을 믿는다: 인간이 과연 이 위기에서 회복되는지, 인간이 과연 이런 위기를 지배하는지가 바로 그의 힘에 관한 문제이며: 위기의 지배는 가능한 일이다… (전집 20권, 354쪽)

니체는 이제까지의 모든 가치의 무근거성에 대한 통찰이 가치 전체에 대한 실망과 회의로 연결되었고, 그 일이 유럽 최대의 위기이자 신의 죽음으로 상징되는 허무주의라고 말한다. 그리고 그는 이 허무주의로 인해, 가치를 설정하는 인간의 능력 전반이 위기 앞에 서서 시험받게 되었다고 생각한다.

니체는 우리에게 고통과 불행을 경감시키는 상당히 많은 치료제들을 떠올려보라고 권한다. 그가 예로 드는 치료제들은 마취, 사상적 열광, 평온한 상황, (좋고 나쁜) 추억들, 장래 계획, 희망, 자부심, 공감 등이 있다. 니체는 우리에게 고통과 불행을 가져온 위기가 끝나면 새로운 지평이 열리곤 하던 것이 당연한 일이라는 사실을 상기시킨다.

> 상실이 지속되는 것은 한 시간도 채 되지 않는다. 상실과 더불어 어떤 하늘의 선물이 우리에게 떨어진다. 예를 들어 새로운 힘이라거나 적어도 힘을 얻을 새로운 기회가! (『즐거운 학문』 295쪽)

니체는 이 문장을 통해, 불행과 고통으로만 가득한 세계를 진단하며 단호하고 근본적인 최후의 치료만을 권해왔던 도덕 설교자들의 권고 혹은 협박과 달리 인간의 상황이 그다지 열악하지 않다는 사실을 돌아보라고 권한다. 삶을 사랑하고 확신하는 정열적인 인간들은 항상 새롭고 풍성한 행복을 누려왔다. 절망적으로 보이는 신의 죽음이라는 상황도 보기에 따라서는 새로운 기회로 열린 문이다. 그러면 허무주의는 언젠가는 필요할 새로운 가치를 인정하고 그것을 시험하기 전에, 모든 가치가 인간이 설정한 가치에 불과했음을 깨닫는 과정으로 이해된다. 영구적인 상실이 아니라 잠시의 연단으로 이해된다.

✹ 영원회귀는 정화의 도구다

  니체는 인간과 문화의 고상한 변화와 생명의 상승이 문제가 될 경우, 그것을 위해 의도적으로 영원회귀라는 위기 앞에 인간을 세우고 최고의 결단을 촉구한다. '모든 것이 다시 되풀이된다'는 생각이 불러일으키는 위기를 정화의 도구로 사용하기를 원한다. 견디지 못하는 자는 도태하고, 위기를 넘는 자는 더 강해진다. 위대한 영웅에게 위기와 행복은 동반 성장하는 한 쌍이다. 운명과 인생에 대한 니체의 구호는 다음과 같다.

> 인간들은 왜 존재하는가, '인간'이 왜 존재하는지는 우리의 관심사가 아니다: 그러나 너는 왜 거기에 존재하는가, 이것을 네게 물으라: 그리고 네가 그 물음에 대답할 수 없다면, 너는 스스로 목표들, 높고 고귀한 목표들을 설정하고 거기에서 몰락하라! 나는 위대한 것과 불가능한 것에서 몰락하는 것보다 더 나은 삶의 목적을 알지 못한다: 위대한 혼을 아끼지 말고 (animae magnae prodigus). (전집 5권, 312쪽)

  모든 위기가 둘로 나뉜 길 앞에 서 있는 것처럼, 혼란에도 두 가지 종류가 있다. 하나는 충만함에서 오는 장해다. 하지만 생명력의 충일에서 오는 교란은 다시 질서를 찾기 위한 일시적인 혼란에 불과하다. 니체가 춤추는 별을 띄워 올리려면 가지고 있어야 한다고 말했던 혼돈이 바로 이것이다. 반면에 생명력의 결여와 공허에서 오며 지속되는 진짜 혼란이 있다. 이성과 감성 모든 영역에서 발생하는 뒤죽박죽과 무질서는 만성적인 쇠퇴와 재앙, 그리고 파국으로 향하는 혼란이다. 이 시대의 위기와 혼란은 둘 중 어떤 것에 가까운가?

"니체가 말한 위기는 제거해야 할 대상이 아니라 새로운 길을 여는 결단의 순간이다. 신의 죽음, 그리고 허무주의조차도 삶을 긍정하는 힘으로 바꾸어야 한다. 모든 위기는 몰락의 문이면서 동시에 더 강한 삶으로 나아가는 기회의 문이다."

# 자유정신은
자기극복에서 완성된다

    21세기 초반 독일 유학의 막바지에 가다머 선생님을 뵙고자 통화한 적이 있다. 100세의 노익장을 과시하며 하이델베르크 대학병원이 주최한 학술회의에 참가해 고통에 대해서 강연을 하시던 때다. 선생을 뵙길 원하던 내 소원은 겨울 감기 때문에 결국 이루어지지 않았다. 하지만 그런 정황을 설명하고 미안해하시던 선생의 목소리를 기억한다. 귀국해서는 100세 가까운 나이의 김형석 선생님이 한자 네 글자를 적은 메모지 한 장을 들고 꼿꼿이 서서 학생들 앞에서 한 시간 이상 강의하던 현장도 경험했다.

    노화는 상대적이다. 젊은 날 열심히 공부하고 치열하게 사색해 뉴런의 시냅스 연결을 훈련한 사람이나, 그렇지 않은 사람이나 늙기는 마찬가지다. 하지만 치밀한 뉴런을 가진 사람은 늙어도 정상인 정도의 뇌 건강을 유지한다. 반면에 뉴런과 시냅스 회로를 훈련하지 않았던 사람들이 늙으면 치매가 발생할 수도 있다. 치매 예방에는 인문학이 특효다. 고스톱이 답이 아니다.

거꾸로는 어떨까? 성장 말이다. 매일매일 자라서 자기의 최고치를 넘어가는 극복의 이야기 말이다. 세포 증식을 통해서 키가 자라고 몸집이 커지는 것도 성장이다. 하지만 자기 능력을 극대화하기 위해서 자신을 매일 시험대에 세우는 사람들도 있다. 그들도 성장을 원한다. 어제와 다른 모습으로 서 있는 자신을 경험하기를 원한다.

우리의 일상에서도 자신을 넘어서고자 하는 노력은 여기저기에서 보인다. 빨래판 복근을 만들겠다고 근육을 기르는 사람들도 있고, 새로운 언어를 배워서 국경의 한계를 넘어서겠다는 사람들도 있다. 시간이 걸리고 고독하게 습득해야만 하는 지식에 골몰하는 사람들도 있다. 자신이 택한 영역에서 최고가 되고자 묵묵히 실력을 갈고닦는 수많은 사람 모두 자신의 현재 모습을 넘어서기를 바란다.

2016년에 개봉한 〈폭풍 속으로(원제: point break)〉라는 영화는 자신의 능력치를 넘어서는 도전에 관해 다룬다. 키아누 리브스와 패트릭 스웨이지를 포함한 건장한 주인공들은 스키, 서핑, 스카이다이빙, 암벽등반 등 극한의 스포츠를 펼치며 자신이 성취했던 최고의 기록들을 갱신해가고 그 과정에서 하나둘 죽어간다. 그들이 법의 경계선 어느 쪽에 서 있건, 인간의 한계를 넘어선 사람들에게서는 범상치 않은 포스가 느껴진다. 위인을 바라보는 것이 감동적인 이유는 그를 통해 인간의 가능성에 대해서 생각하게 되기 때문이다.

니체의 교육관이 드러나는 문장들을 가지고 했던 수업의 끝에서 어떤 학생이 말했다. 자기는 천재도 영웅도 아니지만 늦게나마 자기 수준에서 니체를 알아보고 싶었노라고. 그런데 니체는 너무 엘리트주의자인 것으로 보이고, 범상한 사람들의 노력을 대단치 않게 생각하는 것 같다고. 그래, 그런 면이 있다. 니체는 천재의 공화국에 대해서 말하고, 인류가 아직 도달하지 못한 이상적 인간에 대해서 말한다. 하지만 니체는 자기 혼자 잘난 독불장군은 아니다. 그때는 내가 확실하게 몰라서 그 학생에게 못해준 이야기가 있다.

✹ 정신의 세 변화는 모든 정신의 변화 형식이다

차라투스트라의 첫 연설인 '정신의 세 변화'는 일반론이다. 모든 정신의 변화 과정에 대한 형식을 묘사한 것이라는 말이다. 그것은 선택받은 몇 명의 천재나 철학적 영웅들만이 걷는 길에 관한 이야기가 아니다. 인식의 길에 들어선 사람들은 누구나 낙타가 되고, 사자가 되고, 마지막에 어린아이가 된다.

모든 청년은 속박된 정신으로 인식의 길에 들어선다. 그는 낙타다. 그는 생존을 위해 기존의 지식과 가치를 배우고 익혀야 한다. 그리고 그가 성취한 최고의 순간이 청년을 속박하고 의무가 되어 그를 짓누른다. 훌륭한 낙타는 자신의 짐과 의무를 자랑한다. 우리 모두는 언젠가 기꺼이 숙제를 했고, 부모나 스승의 권위에 감사하며 순종했었다.

으르렁거리는 사자로의 변모는 유순하고 적응하고 순종하던 정신에서 하나의 해방이 나타나는 지점에 대한 은유다. 짊어졌던 모든 의무를 벗어던지고 여기가 아닌 다른 곳을 열망하는 '자유로운 의지를 향한 의지'가 드러나는 때다.

물론 사자가 되지 못하고 낙타의 단계에서 머무는 사람들도 많다. 오랜 습관적인 행위는 그것의 규칙에 정신을 굴절시키며, 무의식에게 그 견고함을 납득시킨다. 실제로 존재하는 규칙으로 인해 정신이 너무 많은 것을 희생하는 과정은 정신을 나무나 돌처럼 굳어지게 만든다. 그러나 어떤 정신들은 규칙과 관습과 의무를 벗어버린다. 하지만 그가 버린 것들이 사실은 청년에게 최고의 재산목록이었다는 사실을 기억하자. 그래서 사자가 얻어낸 승리에는 아픔과 고통이 따르며, '수수께끼처럼 모호한 승리'라고 표현된다.

하지만 상실이 없으면 새로운 길은 만들어지지 않는다. '가치를 정립하는 자가 바로 나여야 한다'는 강인한 사자의 의지가 그로 하여금 이제껏 경험하지 못했던 여러 가치를 시험하게 만든다. 그는 자신의 사막에서 많이 외롭고 아플 것이다. 이 외로움과 질병을 인식의 수단으로 바꿔내는 사람들은 상당한 방황 끝에 성숙한 정신의 자유에 도달한다. 어린아이로 표현되는 창조적 사유가 그에게 허락된다. 어린아이는 놀이할 때조차 진지하고 혼자서도 잘 논다.

니체는 어린아이를 새로운 출발이고, 스스로 구르는 바퀴이고, 성스러운 긍정이라고 썼다. 어린아이는 순진무구하고, 좋은 일이건 나쁜 일이건 잘 잊는다. 그래서 때론 모순처럼 보이는 대담한 생각 앞에서도 두려워하지 않는다.

아이의 단계에 이른 정신에게는 인류가 만들었던 모든 문화적 상징이 새로운 놀이에 쓰이는 집짓기 조각 같은 것이다. 제우스의 주사위 놀이처럼 쌓았다 부쉈다 반복되는, 어떠한 목적이나 섭리도 찾을 수 없는 삶 자체로 녹아들어간 아이의 진지한 놀이는 계속된다. 이것은 선과 악을 넘어서, 수없이 많은 대립적인 사유방식에까지 이르는 길들을 그가 경험하고 난 후에 가능한 일이다.

그리고 이것은 인식의 길에 들어선 사람이면 누구나 겪는 일반적인 변화의 단계들이다. 성숙한 인식의 단계에서 돌아보면 모든 단계가 필연이었고, 감사의 이유로 가득 차 있다. 이러한 상태에서 삶은 인식하는 자에게 힘과 필연성으로 긍정된다.

✸ 자유정신은 상대적인 개념이다

그러나 사람들이 잘 주목하지 않는 사실이 하나 있다. 그것은 니체 철학에서 자유정신이 상대적 개념이라는 것이다. 자유정신으로 사는 사람의 상태가 다 다를 수 있다는 말이다.

보통 우리들은 어떤 사람이 어떤 시대를 살고 있는지, 어떤 가문에서 태어나서 어떤 환경을 겪으며 살고 있는지, 무슨 교육을 받았고 어떤 일을 하고 사는지 등을 가지고 그의 성향을 예측한다. 그의 정치적이고 윤리적이고 철학적인 경향은 그를 묶고 있는 환경의 영향을 받기에 대부분 우리의 예측은 크게 틀리지 않고 오차 범위 안에서 움직인다. 그런데 예상을 벗어나는 사람들이 있고 니체가 이들을 부를 때 사용하는 단어가 바로 자유정신이다. 그리고 그는 자유정신이라는 말이 상대적 개념이라는 사실을 적시한다.

> 자유정신은 상대적 개념이다 - 어떤 혈통과 환경, 신분과 지위 또는 지배적인 시대의 견해를 근거로 그에게서 예상할 수 있는 것과 다르게 사유하는 사람을 자유정신이라고 부른다. 자유정신은 예외이며 속박된 정신은 상례다. (『인간적인 너무나 인간적인 I』 227쪽)

무엇이 상대적이라는 말인가? 자유정신이 상대적 개념이라는 말은 시대의 편견에 반해서 사유하는 사람 중에는 여러 종류가 있다는 말이다. 니체 철학에서 어린아이와 위버멘쉬와 주권적 개인과 고귀한 인간은 등치가 되는 개념이다. 쉽게 생각하면 세상에 어린아이는 한 명만 있는 것이 아니다. 어린아이는 많다. 니체의 철학에서 표상되는 자유정신도 많고, 그 모양 역시 다양하다. 우리 시대의 판단으로 정상인에 해당하는 상식적 사고를 하는 사람도 훨씬 이전의 시대나 다른 문화권에서는 예상 밖의 사고를 하는 자유정신일 수 있다. 여성의 역할에 대해서 시대와 다른 사고를 했던 과거 문인들의 입장은 이제 더 이상 독특해 보이지 않는다. 그것은 현대인의 상식에 부응한다.

그러나 그들은 그들의 시대를 자유정신으로 살았다. 인용문에서 니체가 고정값으로 열거하는 혈통, 환경, 신분, 지위, 시대정신 등이 그들 각각이 처한 독특한 입장의 조건이 된다. 각각의 자유정신에게는 고유한 출발점과 목적지는 물론이고, 그의 사유가 걷는 노정 역시

다 다르다. 그가 속한 활동 영역이 다르고, 각각의 성취의 정도가 다르다. 어떤 이에게 출발점에 불과한 것이 어떤 이에게는 힘들게 자신을 극복하고 도달하는 목적지가 되기도 한다.

결국 자유정신이라는 상태의 본질은 사유가 나타나는 외양이나 예상치와의 편차에 있지 않다. 자신을 묶을 수 있는 조건들을 넘어서 사유할 수 있는 자는 누구나 자유정신이다. 니체는 자유정신을 자유정신으로 만드는 것이 한 사회에서 오랜 시간에 걸쳐 형성된 규범과 사고방식으로부터의 해방이라고 말한다.

> 어쨌든 자유정신이 정당한 견해를 가지고 있다는 사실이 아니라 성공과 실패에 관계없이 그가 관습적인 것에서 해방되었다는 사실이 자유정신의 본질에 속한다. 그러나 일반적으로 자유정신은 역시 진리를, 또는 적어도 진리탐구의 정신을 자기편으로 삼게 될 것이다: 자유정신은 근거를 요구하고 다른 정신들은 신앙을 요구한다. (『인간적인 너무나 인간적인 I』 228쪽)

니체가 여기서 자유정신의 요청이라고 설명하는 '근거에 대한 요구'는 플라톤 이래 철학의 오랜 전통에서 중시되었고 여전히 결정적으로 남아 있는 철학적 태도를 엄수하라는 요청이다. 자신이 하는 말의 근거를 대는 행위를 플라톤은 'λόγον διδόναι(logon didonai)'라고 부른다. 현대어로 번역하면 justification, 즉 정당화하기, 이유를 해명하기, 논증하기 정도가 된다. 철학적 사유는 논증하는 사유다. 자신이 하는 말을 상세히 설명하고 이유를 댄다.

플라톤에게 근거를 대는 일은 조금 더 많은 것을 의미한다. 근거를 대는 것은 철학적 당위일 뿐만 아니라 말하는 자의 탁월성을 뜻하는 '아레테(ἀρετή)'이다. 어떤 주장을 던져놓기만 하고 그 주장의 근거를 대지 못하는 인간을 플라톤은 나쁜 인간이라고 부른다. 간략히 말하면, 사고할 수 있다는 것, 근거를 대면서 생각할 수 있다는 것은 신앙과 구별되는 하나의 덕이라는 말이다.

플라톤의 좋은 제자인 니체는 자유정신이 단순히 시대정신에 반하는 사유를 행하는 것만으로 만족하지 않는다. 오히려 자유정신은 시대의 편견과 관습에서 벗어나는 사고를 행할 때, 왜 자신이 그렇게 생각하는지 이유를 대고 논증할 수 있어야 한다는 것이 니체의 입장이다. 자신의 생각이 근거 없는 정신적 원칙들에 의해 습관화된 것이 아니라는 사실을 투명하고 명백하게 밝힐 수 있어야 한다는 것이다.

✺ 모두 최선을 다해 자신을 넘어서자

자유정신이 많아진 사회는 어떤 모습일까? 예를 들어 우리의 눈에는 니체가 충분히 자유정신으로 보인다. 그러나 니체는 자신의 시대에도 아직 자유정신은 나타나지 못했고 단지 이상으로만 존재할 뿐이라고도 썼다. 어린아이가 많아야 하듯, 관습에서 탈피해 독자적인 생각을 하는 사람이 많으면 어떤 일이 생길까? 니체는 시대의 편견과 관습에서 벗어날 경우 벌어지는 일은 불안정과 혼란이며, 거기에서 벗어나려는 착종된 노력의 활발한 운동이 있을 것이라고 쓰고 있다.

> 사람들이 관습에 묶이지 않을수록 그만큼 동기의 내면적 운동은 활발해지며, 그에 상응해 외적 불안정, 인간의 뒤엉킨 혼란, 노력의 다성음악도 커진다. (『인간적인 너무나 인간적인 I』, 46쪽)

하나의 입장과 사상에 대한 엄격한 강제가 사라지는 순간, 자유정신의 역량과 교양에 따라 다양한 세계관과 도덕과 문화와 윤리가 한꺼번에 고찰될 수 있고, 비교와 선택이 가능해진다. 니체는 이들 중에 높고 고상한 것들이 선택되고 그렇지 못한 것들은 몰락한다고 말한다. 그것이 인류의 미래와 후세가 번창하는 길이다.

그는 시대가 자유정신에게 부여하는 과제를 두려워하지 말고 그 과제를 가능한 한 크게 생각하라고 권한다. 각자가 할 수 있는 만큼, 최선을 다해서 자신을 넘어서자. 그것이 인류가 건강하게 발전하는 길이다. 그때 수업에서 내게 질문했던 내 제자도 그랬으면 좋겠다.

"니체가 말한 자유정신은 주어진 환경과 규범을 넘어 스스로 사유하는 힘이다. 낙타와 사자, 아이로의 변화를 거쳐 자기극복에 이른 정신은 새로운 가치를 창조한다. 자유정신이 많아질수록 사회는 혼란스러워지지만, 동시에 더 높고 건강한 삶으로 발전할 가능성을 품게 된다."

꿈꾸는 위버멘쉬는
스스로 길이 된다

　가수 인순이 씨가 다시 부른 〈거위의 꿈〉이라는 노래에서 화자는 자신에게는 꿈이 있으니 그것을 믿는 자신을 지켜봐달라고 노래한다. 니체는 타인이 보기에 버려지고 찢겨 남루하더라도 자신은 보물처럼 가슴 깊이 간직했던 꿈에 대해서 말한다. 끝이 정해진 책처럼 모든 가능성이 닫힌 세상에서 꿈을 꾸는 것은 독처럼 보인다고 울부짖는다. 하지만 모든 비웃음을 뒤로하고 그는 세상 사람들이 광기라고 여기는 자신의 꿈을 포기하지 않는다.
　한번 생각해보자. 세상의 어떤 개도 가장 빠르고 훌륭한 개가 되겠다는 포부를 품지 않는다. 꿈꾸는 개는 없다. 세상의 어떤 장미도 가장 아름답고 향기로운 장미가 되겠다고 열망하지 않는다. 식물은 이상을 보지 않는다. 자연계에 오늘보다 나은 내일을 꿈꾸며 별을 따려고 노력하는 생명은 인간 외에는 없다. 성령이 임하지 않더라도, 어떤 늙은이는 죽을 때까지 더 나은 내일을 꿈꾸고, 어떤 인간의 아들은 이상을 보는 일을 멈추지 않는다.

어떤 고양이의 엄마도 자식에게 "넌 꿈이 뭐야?"라고 묻지 않는다. 꿈을 꾸는 것은 자연의 일이 아니다. 꿈은 인위적이다. 인간만이 꿈을 꿀 수 있다. 인간에게만 꿈꾸는 일이 그의 자연이 가진 가능성 중 하나다. 하지만 가능한 일이라고 해서 모두가 꿈을 꾸지는 않는다. 모두가 이상을 품고 그것을 위해 노력하지는 않는다. 누군가 현실에 안주할 때, 누군가는 꿈을 꾸면서 등 뒤의 비웃음과 현실을 극복하고 어둠을 헤쳐 미래를 향해 나아간다.

✸ 새로운 인간의 이상, 위버멘쉬

니체의 책 『차라투스트라는 이렇게 말했다』는 허무주의가 지배하고 지성이 좌절한 세상에서도 자신의 근본적인 건강을 믿으며 꿈을 꾸는 새로운 인간의 이상에 대한 책이다. 그 새로운 인간의 이상을 니체는 '위버멘쉬(Übermensch)'라고 부른다.

> 나는 사랑하노라. 사람들 위에 걸쳐 있는 먹구름에서 한 방울 한 방울 떨어지는 무거운 빗방울과 같은 자 모두를. 그들은 번개가 올 것을 예고하고, 예고자로서 파멸한다.
> 보라, 나는 번개의 예고자이고 구름에서 떨어지는 무거운 빗방울이다. 이 번개는 위버멘쉬라 불린다. (『차라투스트라는 이렇게 말했다』, 23쪽)

신약성서의 감동적인 인물인 세례자 요한은 자신을 가리켜 "빛에 대해 증언하러 온 자"라고 말했다. 그는 자신 때문에 모든 이가 그 빛을 믿게 되기를 원했다. 그는 자신이 그 신발 끈을 풀 자격도 되지 못하는 예수의 길을 준비만 하고, 그로 인해 몰락하는 자다. 마찬가지로 차라투스트라는 인간의 새로운 이상인 위버멘쉬를 예고하고 산을 내려가는 자다. 하지만 그는 동시에 그 과정에서 인간의 새로운 이상이 여전히 가능하다고 믿으며 몰락하는 모든 사람을 동류(同類)로서 사랑하는 자다.

지성을 가리는 허무주의적 현실의 구름 속에 새로운 가능성이 숨어 있다고 예고하는 이는 드물다. 그 역시 자신을 감싸는 허무주의적 현실의 지배 아래에 있어 새로운 가능성을 보는 일이 어렵기 때문이다. 그러나 지성이 마비되어 허무가 일상이 되는 극단적인 상황을 마주하고 자신을 시험대에 세우는 사람들이 있다. 시대와의 마찰로 인한 이들의 몰락은 그 자체로 지금의 현실이 영속할 수 없다는 증거이며, 시대의 한계와 극복 가능성에 대한 예고다. 차라투스트라는 인간의 개선과 강화를 꿈꾸는 것보다는 막막한 시대와 타협하고 소시민적 안락에 만족하는 마지막 인간들을 혀로 핥을 번개와 그들에게 접종했어야 할 광기가 바로 위버멘쉬라고 선언한다.

『차라투스트라는 이렇게 말했다』라는 책은 새로운 미래 인간인 위버멘쉬에 대한 기대로 가득 차 있다. 위버멘쉬는 플라톤적이고 기독교적인 초월적 이상의 반대편에 서서, 대지의 의미와 현세의 생명에 충실한 새로운 유형의 인간을 지칭하기 위해 니체가 만든 단어다. 그런데 이 위버멘쉬(Übermensch)라는 독일어는 번역하기가 쉽지 않다. 접두사 über와 인간을 뜻하는 Mensch의 합성어인데, 이 접두사에 두 가지 뜻이 있어서 위버멘쉬는 중의적으로 읽힌다.

우선 über는 '어디 어디의 위에'라는 뜻을 가진다. 그래서 나온 번역어가 일본의 예를 따른 '초인(超人)'이다. 그래서 니체가 처음 한국에 소개될 때 그는 인간의 위에 있고 인간을 넘어서는 초인주의를 설파하는 철학자로 알려졌다.

접두사 über의 또 다른 의미는 '무엇인가를 넘어'다. 예를 들어 강의 이쪽에서 저쪽으로 넘어가는 행위를 가리킬 때 이 접두사를 붙이면 건너간다는 뜻이 선명해진다. 수직으로 상승하는 방향과 수평으로 이동해 건너가는 방향이 동일한 접두사의 의미 안에 함께 있다.

1910년대의 학자들이 했듯이 위버멘쉬를 초인(超人)이라고 번역하면, 한자를 공부했던 당시의 교양인들에게 '오르고 넘는다'는 두 가지 의미가 다 전달될 수도 있었을 것이다. 그러나 오늘날 한국어의 초인이라는 단어에는 두 번째 의미인 '건너감'이 일정 부분 상실된다. 영어 번역으로 superman과 overman이라는 두 단어가 선택되어 병존했던 것을 보면 영어권 학자들도 유사한 고민을 한 것으로 보인다. 그래서 요즘 니체 연구자들은 원어를 그대로 음역해서 '위버멘쉬'라고 표기하기도 한다.

차라투스트라가 동굴을 떠나 도착한 첫 도시의 시장터에서 군중을 향해 말한 것은 위버멘쉬가 사람이 극복되면 달성되는 어떤 것이라는 것이었다.

"나 너희에게 위버멘쉬를 가르치노라. 사람은 극복되어야 할 그 무엇이다. 너희는 사람을 극복하기 위해 무엇을 했는가?
지금까지 존재해온 모든 것들은 자신 이상의 것을 창조해왔다. 그런데도 너희는 이 거대한 밀물을 맞이해 썰물이 되기를 원하며 사람을 극복하기 보다는 오히려 짐승으로 되돌아가려 하는가?"(『차라투스트라는 이렇게 말했다』, 16-17쪽)

✸ 인간은 짐승과 위버멘쉬 사이의 심연 위 다리다

차라투스트라가 처음 위버멘쉬를 언급하는 이 구절에는 다윈의 진화론의 영향이 보인다. 생명의 법칙이 앞으로 나아가고 위로 올라가며 지금의 상태를 넘어서 더 나은 이상적인 상태로 이행해가는 것이라면, 이 흐름에 거역하는 것은 생명의 법칙에 반하는 어리석은 일이다. 위버멘쉬의 입장에서 보면 부끄러운 존재에 불과할 인간의 상태를 극복하기 위해서 노력하는 것이 순리다. 그래서 니체는 이어서 인간의 어정쩡한 상황이 얼마나 위험한지를 밝히고 있다.

사람은 짐승과 위버멘쉬 사이를 잇는 밧줄, 심연 위에 걸쳐 있는 하나의 밧줄이다. 저편으로 건너가는 것도 위험하고 건너가는 과정, 뒤돌아보는 것, 벌벌 떨고 있는 것도 위험하며 멈춰 서 있는 것도 위험하다.
사람에게 위대한 것이 있다면 그것은 그가 목적이 아니라 하나의 교량이라는 것이다. 사람에게 사랑받을 만한 것이 있다면, 그것은 그가 하나의 건너감(Übergang)이요 내려감(Untergang)이라는 것이다. (같은 책, 20쪽)

나는 이 문장을 읽으며 상당히 오랫동안 인간이 짐승과 초인 사이에 걸린 밧줄 위에 서서 걸어가고 있는 것으로 생각했다. 그리고 이것이 플라톤의 대화편 『향연』에 나오는 철학자의 상징을 니체가 다시 변형한 것이라고 지레짐작했다. 지혜를 사랑하는 철학자가 죽을 때까지 걷는 그 길 말이다.

소크라테스에 의하면, 미의 여신 아프로디테가 탄생한 날을 기념해 그리스의 신들이 축제를 벌인 날, 신들의 음료인 넥타르에 취해 제우스의 정원에서 잠든 부의 신인 포로스와 그를 흠모한 가난의 여신인 페니아가 사랑해 잉태된 에로스는 신이 아니라 정령이다. 그는 아직 완벽하게 아름답지 않기에 아름다움을 추구하고 아직 완벽하게 지혜롭지 않기에 지혜를 추구하는 존재다. 그는 군중처럼 무지하지는 않아서 자신이 지혜롭지 못하다는 것을 알지만 신처럼 완전한 지혜를 소유하지는 않기에 지혜를 추구한다.

이 어정쩡한 상태의 에로스가 바로 철학자의 상징이다. 욕망과 사랑은 결핍의 상태를 나타낸다. 철학자는 자신 속에 분명히 느껴지는 이 결핍을 해소하고자, 철학에 대한 욕구도 갖지 못하는 무지한 군중과 철학할 필요를 느끼지 못하는 신 사이의 길 위에 서서 죽음에 이르기까지 지혜와 아름다움을 추구하는 사람이다. 그는 죽음에 이르러 가장 아름다운 인간이 될 때까지 자신을 연마하며 철학의 길을 걷는 자다. 그는 언제나 개념으로 다져진 철학의 길 위에 서 있다. 니체의 문장이 의미하는 것 역시 이것 아닐까?

✸ 계속 길어지는 밧줄을 건너서

 그런데 어느 날 수업에서 이 문장을 독일어로 강독하다가 이상한 느낌이 들었다. 'Der Mensch ist ein Seil, geknüpft zwischen Thier und Übermensch, ein Seil über einem Abgrunde(사람은 짐승과 위버멘쉬 사이를 잇는 밧줄, 심연 위에 걸쳐 있는 하나의 밧줄이다)'. 여러 번 읽어보았다. 학생들이 가지고 있는 여러 판본의 문장들을 비교해보았다. 그 모든 번역이 인간을 줄 위에 세우고 있었지만, 독일어 원문은 분명했다. 인간이 바로 줄이라는 것이다! 니체의 문장에서 인간은 줄 위에 서서 걷는 자가 아니다. 그 스스로가 바로 심연 위에 걸린 밧줄인 것이다. 기이한 생각이 들었다. 새로운 꿈을 꾸는 자는 길 위에 서 있지 않고 스스로 길이 된다?
 니체는 자유정신의 자기극복과 해방에 대해서 말하는 한 구절에서도 유사한 진술을 하고 있다. 이번에는 밧줄이 아니고 사다리다.

> 여기에 - 새로운 문제가 있다! 여기에 긴 사다리, 그 계단에 우리가 앉기도 하고 딛고 오르기도 한 사다리가 있다 - 언젠가 우리 자신이 그 사다리였던 적도 있었다! (『인간적인 너무나 인간적인 I』, 19쪽).

 니체가 말하는 위버멘쉬를 예고하는 인간은 교량이고 밧줄이고 사다리다. 플라톤의 길 위에 선 철학자의 상징과 무슨 차이가 있는가? 교량이나 밧줄이나 사다리는 모두 심연을 건너거나, 어디를 올라가거나 내려가는 데 쓰이는 도구다. 니체는 어딘가로 건너가거나 올라가거나 내려가고 싶어 한다. 그가 이동으로 분주한 이유는 인간의 내면세계를 탐험하고 좀더 높은 것과 위아래에 있는 모든 것들을 파악하기를 원해서일 것이다.

그리고 그 이동의 수단으로 사용되는 교량과 밧줄과 사다리가 그의 문장에서는 바로 인간 자체다. 왜 그럴까? 허무주의의 시대에도 새로운 이상을 꿈꾸고 인간에게 다시 인식의 지평이 광활해지기를 원하는 사람은 누구나 자신과 다른 과거와 현재의 인간들을 교량과 밧줄과 사다리로 삼아 위로 올라가고 저편으로 넘어간다. 그러다 몰락하면 그는 그 교량과 밧줄과 사다리를 한 뼘 더 길게 만들어 다음 사람이 심연을 건너는 것을 쉽게 만든다. 위버멘쉬는 이제 한 걸음 더 바싹 우리 편으로 다가온다.

"니체가 말한 위버멘쉬는 허무주의 속에서도 새로운 이상을 꿈꾸는 인간의 모습이다. 그는 인간을 짐승과 위버멘쉬 사이에 걸린 밧줄로 보며, 스스로 길이 되어 미래를 연다고 했다. 꿈꾸는 인간의 몰락조차 다음 세대가 건너갈 교량이 되어 위버멘쉬의 가능성을 더 가깝게 만든다."

Nietzsche

2장

군중을 넘어 주권적
개인으로 서라

군중 속에 머무는 인간은 안락을 얻지만, 동시에 자기 자신을 잃는다. 니체는 무리의 온기와 보호가 결국 인간을 나약하게 만들고, 생명의 힘을 잠식한다고 보았다. 군중이 주는 안전은 달콤하지만, 그 속에서 인간은 판단과 의지를 포기한 채 표준화된 존재로 전락한다.

그러므로 그는 군중의 그림자를 넘어 홀로 서는 용기를 요구한다. 주권적 개인은 외부의 기준이나 집단의 가치에 매이지 않고, 자기 안의 힘을 긍정하며 스스로 법이 된다. 그 결단은 고독을 동반하지만, 바로 그 고독이 새로운 가치를 창조하는 토양이 된다.

'주권적 개인'은 타인에게 인정을 구하지 않고 자기 운명을 긍정하는 자다. 그는 자신의 충동과 욕망을 왜곡 없이 받아들이며, 그 힘을 삶을 향한 창조적 의지로 전환한다. 고독 속에서 더욱 단단해지고, 위험 속에서도 자신을 지배하는 인간이 니체가 꿈꾼 주체다.

니체는 이런 인간을 '전사'라 불렀다. 그는 문화의 전쟁을 치를 병사들을 준비하며, 무기고를 후대에 남겼다. 중요한 일은 군중의 무대에서 내려와, 각자가 자기 삶의 주권자로 서는 것이다. 그 길 위에서만 인간은 군중의 배우가 아니라 별이 되는 존재로 거듭난다.

배우의 역할을 넘어서야 한다

　짧지 않은 인류의 역사에서 현대에 두드러지는 특성은 가면과 속임수와 역할이 일상을 지배하고 있다는 사실이다. 그리고 니체는 이러한 사실이 우리 시대의 유약함의 증상이라고 진단한다. 인간의 의식과 자기에 대한 이해, 직업의 수행과 언어의 사용, 종교와 정치를 비롯한 문화 전반에서 이러한 사실이 목도된다. 그리고 세상이 허위로 가득 차 있다는 사실은 일상에서 사용하는 일반적인 단어들에서도 드러난다.

> 세상은 속임수로 둘러싸여 있다. 그게 반드시 종교적 도그마에 국한되지는 않는다. '진보' '일반교양'이나 '국민적' '현대 국가'니 '문화 투쟁'과 같은 허튼 개념들도 그렇다. 모든 일반적인 말들은 이제 인위적이고 부자연스러운 장식을 몸에 달고 있다. (『반시대적 고찰』 472쪽)

그것이 학문의 영역이건 일상의 욕망을 부추기는 광고의 영역이건 우리 현대인은 '야만적인 자의성과 표현의 과장' 안에서 살아가는 데 익숙하다. 처음 낯선 개념들을 대하며 느끼던 이질감은 이러한 부추김을 통해 빠르게 변화하는 욕망이 무뎌지는 만큼 일상의 다반사가 되어가고, 결과적으로 더 이상 낯설게 느껴지지 않기에 이른다.

장소와 전통적 가치라는 한계에서 벗어난 현대인은 도덕성과 습속과 문화의 여러 종류와 단계들을 동시에 경험하고 비교할 수 있다. 니체의 말대로 우리 시대는 실로 비교의 시대다. 니체의 희망은 이 비교를 통해서 보다 강하고 고상한 윤리와 문화의 형식들이 승리하게 만드는 것이지만, 역사의 실제적인 진행은 대부분 부정적이고 천박한 형식들의 승리로 끝나고 만다.

철학의 중요한 존재 기반이자 전통 가치 중의 하나인 성찰하는 삶보다는 활발하고 분주한 행동이 이 시대의 특징이 되었다는 사실을 근거로 니체는 문명의 행보에 대해 필연적으로 부정적인 예단을 내리고 있다. 그것은 건강하고 고상한 새로운 문명에 대한 기대에 부합하지 못한 채, 미국에서 시작된 가볍고 피상적인 행보를 통해 유례를 보기 어려운 새로운 야만으로 가는 현대적 격동의 길이다.

성찰하는 삶(vita contemplativa)과 활동적인 삶(vita activa)의 조화는 오랫동안 인류가 추구해온 이상 중의 하나였다. 삶을 바꾸지 못하는 독서의 무의미함을 갈파하는 철학자들의 목소리도 동일한 뉘앙스를 띠고 있다. 동양의 지행합일이나 서양의 자기배려가 의미하는 것 역시 앎의 지평이 넓어지는 만큼 같이 확장되어나가야 하는 실천의 영역에 대한 강조와 다름이 없다.

그러나 니체가 진단하는 현대는 이 오랜 인문학의 이상이 더 이상 설 자리가 없어진 시대다. 현대는 오히려 끝없이 부유하며 이 시대의 신인 맘몬(재물의 신이며, 물질적 집착을 의미)을 뒤쫓으며 활동하는 인간만을 인정할 뿐이다.

✺ 현대인은 강요된 역할 속에서 배우가 되어간다

현대가 인정하는 가장 활동적인 인간은 그럼 누구인가? 체험과 확신에 기반을 둔 신앙이나 형이상학, 역사의 의미에 대한 믿음을 상실하고 벌처럼 한데 뒤엉켜 날면서, 상황에 따른 배역을 연기할 뿐인 사람이 가장 활동적인 현대의 주역이다. 분주한 그를 통해서는 고상하고 건강한 문명이 가능해지기란 어려운 일이다. 번잡한 일에 골몰한 현대인들은 자신이 걷는 그 길의 중간에서 상당히 오래 지속될지도 모르는 새로운 야만을 통과한다.

모든 인간이 자신의 성격을 상실하고 오직 배우로만 존재하게 된 현대를 진단하는 니체의 화두는 의외로 '예술'이다. 기준과 정향점을 상실하고 모든 것을 다 실험해보기에 이른 현대가 가지는 가능성과 위험을 살피는 『즐거운 학문』의 한 절은 '유럽은 어느 정도까지 점점 더 예술적으로 될 것인가'라는 냉소적인 소제목을 달고 있다. 희극배우와 비극배우에게 나막신과 반장화를 신겨주는 것이 사실은 "교육의 부족과 곤궁과 자유분방함"이라고 일갈한 디드로처럼, 니체 역시 현대인들이 배우가 되는 이유를 강요된 선택으로 보고 있다.

극장은 선택되는 것이 아니라 삶의 방편으로 강요되는 것이라는 디드로의 엄정한 명제를 니체는 현대인들의 직업 선택과 이로 인한 성격의 상실로 확대한다. 직업을 선택할 때 자신이 속한 신분과 조합과 가업이 지속될 것이라고 믿었던 중세와 달리, 지속에 대한 믿음이 사라지고 영원한 가치에 대한 확신이 없어진 시대에는 실로 우연과 자의성이 직업 선택에서 점점 중요한 역할을 차지하게 된다. 그리고 우연히 주어진 직업이 강요하는 역할을 수행하면서 현대인은 이 강요된 역할과 자기 자신을 혼동하게 되었다는 것이 니체의 생각이다.

그런 시대에는 역할이 실제 성격이 되고 인위적인 가상이 자연이 된다. 지속과 영원에 대한 믿음과 인정을 기반으로 사회적인 피라미드를 구축하는 것을 당연시하던 중세와 달리, 이제 'anything goes!'라는 미국적 구호가 지배하는 민주적인 시대가 도래한 것이다. 니체에 의하면 이러한 생각은 페리클레스 시대 아테네인들에게서 최초로 나타났고, 니체 시대에는 미국인들의 믿음이었으며, 점차 전 세계적으로 확대일로에 있다. 이 현대적 믿음의 핵심은, 새로운 역할에 대한 부단한 실험을 당연시하는 일이다.

> 이런 시대의 개인은 자신이 거의 모든 것을 할 수 있고, 거의 모든 역할에 적합하다고 확신한다. 누구나가 자기 자신을 가지고 실험하고, 즉흥적으로 실험하고, 새로이 실험하고, 기꺼이 실험한다. (『즐거운 학문』 345쪽)

역할에 대한 이러한 뻔뻔한 믿음의 귀결은 이 믿음의 소유자가 정말로 배우가 되어버린다는 것이다. 부단한 즉흥적인 실험은 배우로서의 가능성을 확대하고 그 가능성의 확대만큼 인간은 더 배우가 되어간다.

✹ 배우, 거짓을 진실처럼 만드는 자

배우란 누구인가? 그는 진실하지 않은 것을 진실한 것처럼 보이게 만드는 것을 직업으로 삼은 자다. 효과와 영향력의 증대를 최우선적 전략으로 내세우는 바그너 안에서 니체가 발견하는 것이 바로 이 거짓을 진실하게 포장하는, 배우 속에 있는 사기꾼적인 요소다. 니체는 『즐거운 학문』의 한 절에서 배우의 문제가 자신을 오랫동안 번거롭게 만들어왔다고 고백하고 있다. 그가 생각하는 배우의 특성은 다음과 같다.

> 양심에 거리끼지 않는 허위, 권력으로서의 위장의 기쁨을 분출하는 것, 소위 '성격'을 한쪽으로 밀어버리고 덮어버리고 때로는 소멸시키는 것, 배역과 가면과 가상 안으로 들어가려는 내면의 요구를 지니고 있는 것, 모든 종류의 적응 능력이 넘쳐나지만 가장 가깝고 밀접한 일에도 유용한 봉사를 할 줄 모르는 것. (『즐거운 학문』, 359쪽)

상상할 수 있는 모든 종류의 역할과 성격을 자신의 것으로 만들어낼 수 있는 이러한 탁월한 적응 능력은 니체에 의하면 하층 민중 출신의 집안에서 쉽게 길러진다. 그들의 삶을 구성하는 반복되는 압력과 강제와 뿌리 깊은 종속성이 이러한 출신의 사람들에게 새로운 상황들 안에서 언제나 새롭게 자신을 맞추고 매번 다른 모습을 드러내는 일에 있어서 대가가 되도록 강요한다는 것이다.

그리고 문화의 고양과 상승, 도덕과 덕성의 함양, 장기적 교육 등 인간을 단련하고 강하게 만드는 모든 영역에 있어서 정동을 승화시켜 본능이 되도록 만드는 데 니체적 진화론의 비밀이 있는 것처럼, 이러한 배우적 충동 역시 세대를 따라 내려가 체화되고 육화되어서 다른 모든 본능을 지배하는 주도적 본능이 되기에 이른다. 이렇게 배우, 예술가가 생산되기에 이른다. 니체는 동일한 배우의 본능이 육성해낸 유사한 인간의 유형으로 외교관과 유대민족, 문필가와 여성들을 들고 있다. 이들에게 공통으로 존재하는 특성은 바로 탁월한 적응 능력이다.

✺ 광기에 찬 현대가 지워버린 인간의 유형

'배우적 본능'이 보편적인 인간 유형이 되어버린 현대, 배우가 주역이 된 역사의 마지막 흥미롭기는 하지만 광기에 찬 시대다. 그리고 이 유동적이며 말랑말랑한 무정형의 성격을 가진 인간들의 시대에

출현과 생존이 불가능해지는 유형의 인간이 있다. 그들은 바로 장기적인 안목을 가지고 위대한 건설을 하는 자들이다.

> 이제 건설하는 능력이 마비되고, 먼 곳을 내다보고 건설하는 용기가 꺾이게 되며, 조직의 천재가 부족하게 된다. 도대체 이제 누가 수천 년에 걸쳐 완성될 일에 과감하게 착수할 수 있겠는가? 이로 인해 인간이 계산하고, 약속하고, 미래를 계획 속에 선취하고, 자신의 계획을 위해 희생을 바치는 데 토대가 되는 근본적인 믿음, 다시 말해 인간은 거대한 건축을 위한 하나의 초석일 경우에만 가치와 의미를 지닌다는 근본적인 믿음이 사라지게 되는 것이다. (『즐거운 학문』, 346쪽)

배우는 그 성격과 가치관에 있어 결단코 확고하지 않으며, 그래서 배우가 주역이자 배우가 상상할 수 있는 유일한 성격이 된 시대에는 가치와 의미의 설립을 위해 천년을 계획하는 의지의 인간들이 불이익을 당한다. 이러한 시대에는 성격과 가면의 차이가 철회되기에 이르고, 성격마저도 가면이 된다. 니체의 말처럼 이제 성격이라는 가면을 쓴 인간들은 하등의 부끄러움 없이 그들의 가면들을 보여준다.

과거에는 참으로 자기 자신에게 속한 것들을 가지고 있지 못한 자들은 이러한 사실을 견디지 못하며, 자신의 공허한 실상으로부터 자신과 타인의 눈을 돌리기 위해 사회적 통념이나 정치적 이념 혹은 종교적 이상으로 도망치곤 했다. 고양된 자기 자신에 속할 수 없는 자들은 흔히 의무를 들먹이고 타자에게 복종을 요구하는 형식으로 폭력을 행사한다는 사실을 니체는 충분히 잘 알고 있다.

그런데 배우가 주역이 되고 주목받는 시대에는 이런 자기 방기의 결과가 더 이상 부끄러움과 불안을 불러일으키지 않는다. 가면을 쓰고 역할을 연출하는 일이 이제 일상이 된 것이고, 이 일에서 탁월하면 위대하게 보이게까지 된 것이다.

'가상의 보편적 실제화'라는 이 엄청난 사건이 더 이상 불안과 부끄러움을 야기하지 않는다는 사실에 대해서 생각해보는 일은 이제 우리를 어디로 인도하는가? 성격과 가치와 믿음과 전통이 더 이상 정향점과 기준이 되지 못하는 폐허가 된 시대에, 절망하지 않은 자에게 일차적으로 가능한 일은 그 자신도 이런저런 역할을 시도해보고 다양한 가면을 써보는 일이다.

그리고 실제로 현대인은 누구나 모든 영역에서 근본에 있어 동일한 일들을 하며 살아간다. 현대인은 실로 자신들의 욕구가 향하는 바를 알지 못하면서도 우연히 할당된 역할을 묵묵히 수행해갈 뿐이다. 그것이 인생이라고 생각하면서 예술과 학문에서 비교적 창조적인 정신들, 다시 말해 인류적 차원에서 실험하는 자들 역시 역할과 가면의 가능성을 퍼내는 일을 주체의 형식이나 표현의 양식, 새로운 가치를 주조하는 일 등에서 의식적으로 가속하고 있을 뿐이다.

사회 전반에 걸쳐 진행되는 이러한 연극은 인간의 관계를 피상적으로 만든다. 모두가 스스로 유일하게 주목받는 연극을 행하려는 욕구를 가지고서, 자신이 가진 지식과 기호와 지인과 고독과 재산 등을 동원해 타인의 관심을 자극하기만을 원할 뿐이다.

현대 문화에 있어서 대중적 성공의 조건이 바로 연극적인 것이라는 점을 들어 니체는 문화에서 배우의 등장이 우리를 생각하게 만드는 사건일 뿐만 아니라, 공포를 주기도 하는 사건이라는 사실을 지적하고 있다. 빅토르 위고(Victor Hugo)와 리하르트 바그너(Richard Wagner)를 예로 들면서 니체는 문학과 음악 영역에서 이들의 대중적 성공이 바로 몰락하는 문화를 의미할 수 있다는 점을 강조하고 있다.

> 빅토르 위고와 리하르트 바그너 - 이 둘은 같은 것을 의미하지요: 즉 몰락하는 문화 안에 있다는 것을, 대중이 결정권을 행사하는 곳이라면 어디서나 진정함이라는 것은 불필요하고 해로우며 냉대받게 된다는 것을. 오로지 배우만이 여전히 대단한 열광을 불러일으킵니다. - 이로써 배우에게는 황금기가 도래한 것이지요. (『바그너의 경우』, 51쪽)

'배우의 시대가 곧 군중의 시대'라는 사실은 형이상학과 신의 죽음 이후에 가상이 판치게 된 허무주의 시대의 특성이 된다. 진리의 부재는 필연적으로 새로운 시도들과 모색을 부추기며, 한동안 비어 있는 진리의 권좌를 놓고 수많은 배우들의 힘겨루기가 시작되는 것이다.

"니체가 본 현대인은 강요된 역할 속에 갇힌 배우다. 그는 가면과 배역을 진짜 성격으로 착각하며, 끝없는 즉흥적 실험을 삶이라 부른다. 그러나 이런 연극의 시대에는 장기적 비전과 건설의 힘을 지닌 인간은 설 자리를 잃는다."

무리 동물에서 벗어나야 한다

문자의 우월성에 대한 통념에도 불구하고 글로 쓴 것들에 대한 불신은 의외로 교양인들 사이에 깊이 뿌리박혀 있다. 문자를 발명한 이집트의 신 테우트의 주장과 달리 문자는 기억의 약이나 지혜의 약이 아니다. 문자를 선물 받은 타무스 왕은 문자는 진상(眞相)을 전하는 도구가 아니며, 단지 사람이 지혜로워 보이게 만드는 수단일 수 있다고 의심한다.

플라톤의 대화편 『파이드로스』에서 이 기이한 전설을 전하는 소크라테스 역시, 현대인의 생각과 달리, 문자를 진보라고 보지 않고 글로 쓴 것들을 의심한다. 그는 글에서 명확한 것이 생겨날 것으로 생각하는 사람은 어리석은 사람이라고 말한다. 게다가 글은 격에 맞지 않는 사람이나 전문가를 가리지 않고 자신만의 운명의 길을 떠난다.

그리고 대부분의 운명처럼 글의 운명도 자의적인 것과 우연적인 것들로 채워진다. 글을 대하는 자가 글에 행하는 남용과 왜곡은 글로 쓰인 것들에게 정신적 매춘의 의심을 불러일으킨다. 플라톤은 일곱 번째 편지에서 문자의 형식 안에 본질적인 것과 진리를 담을 수 있다고 생각하는 자는 모든 신들에게서 버림을 받은 자라고 썼다.

"매체가 어떤 내용을 담는가와 상관없이 이미 매체 자체가 메시지"라는 마샬 맥루한(Marshall McLuhan)의 주장은 인간적 소통의 효과와 한계에 대해서 생각하게 만든다. 말을 통해서 상대를 설득하는 사람은 오해가 발생하면 곧바로 계속된 대화를 통해서 바로 잡을 기회를 얻는다. 반면에 자신의 주장을 글로 쓰는 저자는 오해가 발생하면 그 교정을 위해 한참을 기다리거나 체념해야 한다.

그런데 인류가 단순히 쓰는 것을 넘어서 인쇄된 글을 매체로 삼은 지는 이미 오래다. 1445년에 구텐베르크의 인쇄술이 발명된 이래로 서양은 책의 생산과 함께 한 장짜리 인쇄물들을 찍어내기 시작한다. 1605년에는 세계 최초로 현대적 의미의 주간지가 스트라스부르그에서 발행되었고, 1650년에는 라이프치히에서 일간지가 발행되었다. 정치적이고 사회적인 사건들이 이전보다 훨씬 빠르게 사회 전반의 여러 계층으로 전파되기에 이른 것이다.

✹ 철학자는 세상의 소리를 품어 개념으로 토해낸다

적실한 개념을 만드는 일의 중요성을 니체만큼 강조한 철학자는 없을 것이다. 그는 개념을 만드는 것이 철학의 본령이라고 생각한다.

개념은 언제 만드는가? 어떤 사태가 이전의 개념으로는 적확하게 포착되지 못할 때 그것을 추상화해서 부를 개념이 요청된다. 정확한 개념은 복잡한 사태의 핵심을 단박에 전달한다. 그래서 니체는 철학자를 세상의 모든 음을 다 자신의 가슴에 품어 울리게 해서 개념으로 다시 세상에 돌려주는 사람이라고 정의한다. 세상의 모든 음을 다 울리게 하라는 말이 무슨 뜻일까? 온 세상의 모든 소리를 다 듣고 온갖 사건에 다 마음을 쓰라는 말은 아닐 것이다.

사실 정신 건강을 생각하면 아침에 뉴스를 접하는 일은 해롭다. 사람의 정신이 언제 가장 맑은가? 숙면을 취하고 난 다음이다. 그런데 언론은 무엇을 보도하는가? 아직 텔레비전이 없던 시절이니, 니체에게 신문은 언론을 대변하는 단어다. 그는 "신문에 있는 매일 아침마다의 오물"에 대해서 말한다. 아침뉴스에 소개되는 내용이 무엇인가? 국내외에서 벌어진 간밤의 온갖 범죄와 사건 사고 그리고 비리에 대한 소식들이다. 그것들은 인간의 끔찍스러운 도착증세의 징후다. 주의가 집중될 것을 우선해 보도하는 것은 언론의 생리다. 정신이 가장 말랑말랑하고 신선한 시간에 오물을 들이미는 것이 현명한 일일까?

우리가 잘 느끼지 못하지만, 니체는 19세기에 나타난 독특한 현상인 군중의 등장을 비판적으로 주목한 사상가의 선두에 서 있다. 그는 자신의 사상의 형성기에 스스로를 자신의 시대를 개선하기 위한 시대 비평가로 이해하며, 이러한 목적으로 저서들을 발표한다. 중세적 신분 질서가 와해하고 사회 전반에 걸친 산업화에 적응하게 되면서 옛 고리에서 풀려난 군중이 힘을 행사하기 시작한 시대를 살았던 니체가 느끼는 19세기 후반은, 어떻게 변모할지 모르는 마녀의 화덕처럼 원초적인 힘들이 한데 뒤섞여 끓고 있는 불안한 원자적 혼돈의 시대다.

갑작스럽다고 여겨지는 사건들에는 설령 그것이 눈에 보이지 않더라도 전사(前史)가 있는 법이다. 느닷없이 닥치는 현재는 없는 것이다. 사회구성에 있어 가장 근본적인 원소를 힘이라고 가정하고 그 힘의 역학관계 속에서 현재 상태를 진단하는 니체의 눈에 비친 19세기는, 그 힘의 조직이 바람직하지 않은 상태로 구성되어 있는 시기이며 대중문화를 통해 개인과 문화의 천박성과 통속성이 전면에 드러난 시기다.

19세기 독일 문화의 천박성과 통속성을 비판하며 니체가 사용한 단어는 '무리 동물(Herdentier)'과 '교양 속물(Bildungsphilister)'이다. 도덕에 의해 길들어져 병적이고 병약하고 불구로 된 반쪽짜리 인간, 범용함과 불안과 권태와 수동성이 특징인 19세기 유럽인을 부르는 니체의 용어가 무리 동물이다. 플라톤이 아테네의 중우정치를 비판하면서 썼던 무리, 떼를 뜻하는 Demos(데모스)를 연상시키는 단어다.

교양 속물이라는 단어는 니체의 조어다. 교양이 있는데 왜 속물이라는 것일까? 니체가 당대의 문필가인 다비드 슈트라우스(David Strauss)를 조롱하며 만든 단어가 교양 속물이다. 니체는 일상성을 신격화하고 현실적인 생업과 문화적 장식을 구분지어 오로지 후자에서만 일탈과 모험을 허락하고 문화 전반을 단순한 기분 전환의 도구로 삼는 무리를 교양 속물이라 부른다.

니체가 적시하듯이 교양은 본래 배타적인 영역에 속한다. 따라서 속물은 교양과 거리를 두는 것이 정상이다. 이 두 영역을 연결하는 자가 바로 학자다. 학자는 대중 강연과 언론투고를 통해 분리되었던 두 영역을 이어 붙인다. 그렇게 해서 얇고 넓은 지식과 문화를 소비하는 교양 속물이 탄생한다.

✺ 맥주, 정치, 신문이 정신을 천박하게 만든다

니체는 독일인의 정신을 짓눌러 천박하고 황폐하게 만든 주범으로 맥주, 정치와 더불어 신문을 지목한다. '신문을 읽는다'는 표현을 니체는 거의 욕으로 사용한다. 신문을 읽는 교양인을 니체는 "정신의 창녀 같은 인간"이라고 부른다. 아니, 그는 독일을 넘어서 유럽 정신이 전반적으로 졸렬하고 조야하게 된 것이 다 아침마다 신문을 읽어 댄 결과라고 진단한다.

니체에게 신문은 가짜다. 대도시의 폭동과 함께 신문은 철저한 연극이며 순수하지 않다. 그것은 "존재할 가치가 없는, 자나 깨나 병들어 있는 자들이 토해낸 담즙"을 부르는 이름이다. 그것은 "누더기 같은 영혼들"이나 "말의 개숫물"로 만든 것이다. 니체의 견해에 따르면 화약의 발명과 같은 독일인의 놀라운 업적들은 신문 발명으로 인해 모두 상쇄되었다.

니체는 묻는다. 신문에 귀 기울이고 부유한 이웃을 곁눈질하고 권력, 돈, 여론의 급격한 부침으로 욕망을 자극받는 자에게 과연 자유로운 정신과 내적인 가치와 자기 지배력이 있을 수 있겠는가? 신문 사업은 무리 동물이 권좌에 오르는 수단이다.

> 내가 혐오하는 것은 의회주의와 신문 사업이다. 왜냐하면 이것은 무리 동물이 주인이 되게 만드는 수단이기 때문이다. (전집 18권, 266쪽)

무리 동물은 어떤 생각을 하고 사는가? 그는 보편적이어야 불안에서 벗어나고, 이웃과 함께 움직일 때 안정을 취하며, 무리 안에서만 힘이 솟는다. 자신의 견해가 대중의 생각에서 크게 벗어나지 않아야 그의 행동에 방향이 생긴다.

> 보편적인 신념과 세론으로 옷을 입지 않으면 대부분의 인간들은 아무것도 아니며 그 무엇으로 간주되지도 않는다. 재봉사의 철학에 따르면 옷이 날개이기 때문이다. (『인간적인 너무나 인간적인 II』, 188-189쪽)

정치적이고 사회적인 사건들에 대한 논객이 차고 넘치는 세상에서 자신의 판단을 통해 소신껏 의견을 내놓는 사람은 점점 줄어든다. 설령 그런 의견을 내놓았어도 이미 그 전에 혹은 자신도 모르는 사이에 다른 논객이 이미 같은 소리를 했을 것이다. 내가 하는 말이 더 이상 나만의 것이 아니라는 느낌은 아군을 얻은 것 같은 자신감과 안정감을 줄 수도 있지만, 나만의 생각이 없다는 사실은 어딘지 맥 빠지는 일이다. 굳이 내가 아니더라도 그럭저럭 잘 돌아가는 조직은 매력적이지 않고, 우리를 만족시키지 못한다. 그런 곳에 누가 신명이 나서 헌신하겠는가? 봇물 터지듯 밀려드는 언론의 소용돌이 속에서 우리는 길을 잃는다. 너무 많은 것은 없는 것과 같다.

✺ 개념의 민주주의는 인간을 빈약하게 만든다

현대인들의 기준에는 독보적인 하나의 생각이나 도덕적 성향이 두드러지는 것은 병적으로 보인다. 그러한 생각에 집착하는 사람에게는 고정관념에 사로잡힌 사람이라는 낙인이 찍힌다. 니체는 이를 보고 현대를 지배하는 개념의 민주주의라고 지적한다. 자아의 유일함을 느끼려는 욕망은 위험하고, 인간은 항상 다수 아래 존재한다.

이제 지배적인 것이 되려면 개념마저도 평등한 연대를 통해 광범위한 지지층을 구축해야 한다. 단독으로 세상을 지배하려는 개념은 현대성을 위협하는 정신의 폭군일 뿐이다. 니체에게 평등이라는 가치를 추구하는 민주주의는 인간의 왜소화를 의미하듯이, 개념의 민주주의 역시 쇠퇴하는 문화의 징후이고 인류가 집단으로 미쳐가는 과정이다.

오늘날에는 개념으로서의 민주주의가 모든 사람의 머릿속을 지배하고 있다. - 많은 것들이 함께 주인이 된다: 만약 어떤 하나의 개념이 주인이 되려

했다면, 그것은 이미 말한 것과 같이 오늘날에는 '고정관념'을 의미하는 것이다. 이것이 폭군을 죽여버리는 우리의 방식이다. - 우리는 정신 병원을 향해 눈짓하고 있는 것이다. (『인간적인 너무나 인간적인 II』, 369쪽)

항상 공적인 태도로 대중의 견해를 대변하기를 멈추고 당당하게 새로운 판단을 내리기 위해서 다른 사람과 같은 사건을 다루지 않는 방법이 있다. 취향을 달리하기! 시대의 유행과 관심사에서 멀어진다고 대단히 큰일이 벌어지지는 않는다. 담담히 자신의 길을 가던 사람이 수십 년 후에 갑자기 각광을 받는 일들도 생긴다. 설령 그런 일이 생기지 않더라도 최소한 그는 자신만의 견해를 지키며 한세상을 산 것이다. 장한 일이다.

자신을 세인과 구별하는 다른 전략도 있다. 바로 조롱과 빈정거림이다. 니체는 당시 독일 학생들의 왜곡된 언어 사용 양식을 지적한다.

> 학생들의 독일어, 즉 독일 학생들의 말투는 공부하지 않는 학생들 사이에서 비롯된 것이다. 그들은 교양, 품위, 학식, 질서, 절도에서 모든 가면적인 것을 벗겨냄으로써 그리고 더 우수하고 박식한 사람들처럼 이러한 분야의 단어들을 입에 올리기는 하지만 악의에 찬 눈길을 하고 동시에 얼굴을 찌푸림으로써 더 진지한 자신들의 동료에 대해 일종의 우월성을 획득하는 법을 알고 있다. (『인간적인 너무나 인간적인 II』, 368쪽)

같은 단어를 사용하지만 빈정대는 투로 불만을 섞어서 말하는 태도를 통해 우월성을 획득하는 이런 전략은 얄팍하다. 하지만 숙련된 배우의 연기가 효과를 발휘하듯, 같은 내용을 다루면서 거기에 단지 그것을 아래로 내려보는 태도를 덧붙이기만 하는 이 전략은 청중들에게 착시효과를 가져온다. 저렇게 한 사태를 조롱하는 사람은 이미 저 사태를 장악한 사람일 것이고, 이 문제를 해결할 수 있을 것이다! 적은 노력으로 효과를 내기를 원하는 정치가와 언론은 이 학생들의 왜곡된 언어 사용 전략을 무의식중에 체득한다. 그들은 변죽만 울린다. 그래도 군중은 현혹된다.

당대의 언론을 향한 격렬한 니체의 언사에는 언론이 교양의 자리를 대신한 시대에 대한 안타까움이 스며들어 있다. 천민적 공론 영역에서 언론이 문화이해의 주역이 되어 교양을 관장하는 세상의 속물성을 보며 니체는 진정한 교양인의 몰락을 예감한다.

"니체가 본 신문은 단순한 정보 매체가 아니라 무리 동물을 길들이는 도구였다. 그는 아침마다 쏟아지는 뉴스가 정신을 천박하게 만들고, 대중을 속물화한다고 비판했다. 보편적 신념에 기대 안주하는 순간, 인간은 자기 판단을 잃고 무리의 불안한 안락 속에 갇히게 된다."

죽은 신을 발판 삼아 새 길을 세워라

　오늘날 우리에게 확실한 것이 무엇이 있는가? 현대인의 일상은 유사(流沙)처럼 흐른다. 환율이나 세율이나 주가나 직업이나 안전이나 인간관계나 현대를 규정하는 것들은 다 피상적이며, 고정적이지 않고 요동한다. 심지어 역사 속에서 되풀이된 인간의 작위는 이제 의연한 자연마저도 요동치게 만든다. 혹한, 혹서, 지진, 대형 화재, 구제역, 조류 인플루엔자, 팬데믹이 정기적으로 반복된다. 이러한 세계의 인간은 불안하다. 현대인은 불안한 현실과 물질적 뿌리를 떠나 가공된 환상의 세계인 웹의 세계로 도주한다. 그러나 거기서 우리를 기다리는 것 역시 기만적인 현실의 또 다른 버전과 우울일 뿐이다.

　단정적인 것, 완전한 것, 확실한 것, 충족적인 것이 더 이상 없다는 것, 헤라클레이토스가 선언한 '지속과 정지의 부정'이 우리의 어지러운 일상이 된 것이다. 외적인 확실성의 부재는 사실은 내적인 확실성의 부재에 대한 증거일 뿐이다. 현대인은 마음 둘 곳이 딱히 없다. 국가도 종교도 학문도 과학도 우리 마음을 붙들어매지 못한다. 단지 그런 척할 뿐이다.

역할극의 끝은 가상의 성격을 만드는 법이다. 그러나 실상이 입을 열면 가상은 깨지고야 만다. 그러나 다르게 물어볼 수도 있다. 현대뿐만 아니라 인류사 전체가 동일한 궤적을 그려온 것은 아닌가? 신분제와 도그마가 지배한 중세 천년은 안전하고 확실했을까? 진정 어떤 근거가 있어서 사람들이 귀천이 나뉘고, 진정 어떤 근거가 있어서 신이 구속사의 주인이라고 생각했을까?

✹ 신의 죽음은 의미의 진공상태를 상징

"신은 죽었다!"라는 말만큼 유명한 니체의 명제는 없다. 그러나 흔히들 생각하듯이 이 명제가 니체를 무신론자로 만들지는 못한다. 초월적인 신의 존재 여부를 확언하는 이 형이상학적 언명은 니체의 일차적인 관심사가 아니라는 말이다. "신은 죽었다!"라는 말은 시대를 진단하고 시대의 힘을 측정하는 명제다.

그것은 무엇보다도 근거의 부재를 진단하고 있다. 이 준엄한 명제는 정향점과 의미의 준거와 행위의 원칙이 없어진 시대를 상징한다. 준거와 원칙의 상실과 함께 자연의 목적이나 민족정신이나 세계정신의 목적은 물론 역사의 의미 전체가 흔들리게 된다. 신의 죽음이라는 사건은 – 가치의 준거로 작용하던 전통, 권위, 도덕, 형이상학적 진리,

즉 서양 철학의 거대 담론에서 주역을 차지했던 모든 것들이 차례로 무너진 – 의미의 진공상태를 상징한다.

니체에 의하면 기독교는 이전에 '고귀한 형식들'을 보여주고, 가장 고상하고 선이 굵은 인물들을 조탁한 종교다. 그러나 위대한 것들이 거기에서 대거 이탈한 이후, 인간은 기독교를 통해서는 더 이상 고대의 단순성과 고귀함으로 돌아갈 길을 찾지 못하게 되었다는 것이 니체의 생각이다.

> 현재의 시대가 철두철미하게 역사적으로 생각한다면, 기독교는 현재의 시대를 더 이상 묶어내지 못하고 있음이 감지된다. 또한 현재의 시대는 몇천 년 전처럼 다시 비기독교화되었음이 감지된다. (전집 5권, 337쪽)

신이 죽었다면 교회는 무엇인가?『즐거운 학문』125절에서 신의 죽음을 알린 광인은 신을 위한 애도의 미사를 올리고 사라진다. 영화로웠던 권력자의 무덤은 오래도록 성지로 남는다. 신의 무덤에는 신의 그림자가 오래 남는다. 빈 권좌를 놓고 벌어지는 투쟁도 있다. 학문과 예술과 과학이 차례로 그 자리를 차지해본다. 그러나 다들 그런 척할 뿐이고 현대인은 여전히 마음 둘 곳이 없어 보인다.

인간에게 위버멘쉬가 되라고 설파하는 차라투스트라는 자기 힘의 극점까지 도달하고자 애쓴다. 그리고 우리에게도 같은 노력을 통해 인간을 강화하고 향상하라고 권한다. 그가 끌어올리고자 하는 힘은 사유와 마음, 의지와 사랑을 모두 포함하는 힘이다. 즉 총체적인 인간이 낼 수 있는 가장 지고한 힘이다. 그리고 그는 이 여정에서 가장 멀리까지 간 상태에서 그 밖에 혹시 다른 존재가 있으리라 생각하지 말라고 권한다.

> 벗들이여, 너희에게 나의 마음을 모두 털어놓건대. 만약 신들이 존재한다면, 나는 내가 신이 아니라는 사실을 어떻게 참고 견뎌낼 수 있겠는가! (『차라투스트라는 이렇게 말했다』, 141쪽)

차라투스트라는 교만한가? 신의 생사보다 더 중요한 것은 신을 대하는 인간의 태도 변화다. 이제 아무도 요청으로라도 신을 필요로 하지 않는 것처럼 보인다. 그리고 아무래도 좋은 것은 우리를 구속하지 못한다. 이 상황이 누구의 잘못인지 물어보는 일은 그리 큰 수확으로 연결되지 않는다.

니체는 기독교가 길러낸 진리에 대한 열망과 지적 성실성 그리고 정직함이 마침내 성장해 기독교의 꼬리를 물고서 생명에 반하는 도덕적인 세계 해석을 용납하지 않는다고 설명한다. 하지만 그 원인이 무엇이건 중요한 사실은 이 와해의 과정이 허무주의의 심연으로 연결된다는 것이다. 근거로 기능하던 신의 빈자리는 실존의 무의미와 헛됨이라는 우울한 정서를 부추기고, 그 결과로 정신에 대한 절대적인 회의와 방임을 낳았다.

✳ 심연을 마주할 용기와 담대함

그러나 보기에 따라서는 이 암울한 허무주의적 상황이 노출된 것 자체가 인류의 정신적 힘이 증가한 결과로 해석될 수도 있다. 종교의 비밀이 인간학이며, 신의 얼굴 뒤에는 가면 쓴 인간의 얼굴이 있을 뿐이라는 포이어바흐(Feuerbach)의 통찰은 진리의 가상성과 세계의 생성적 성격에 대한 근대인의 비판적 반성과 자신의 힘에 대한 자각을 웅변적으로 드러내고 있다.

차라투스트라가 자신을 극복하며 상승하는 삶을 사는 인간에게 요구하는 것은 내려다볼 그 어떤 신도 필요로 하지 않을 정도의 용기와 담대함이다. 인류는 신을 넘어서는 비상이 가져오는 두려움을 알면서도, 그 두려움을 제어하고 인간의 긍지를 가지고 심연을 마주하는 용기와 담대함이 없이는 고귀해지지 않는다.

옛사람들이 세상에 의미를 부여하기 위해서 먼 바다를 바라보며 떠올린 신은 니체에게 이제 억측에 불과하다. 그리고 그 억측이 인간의 창조를 막는 유일한 생각이 된다면, 그러한 신은 고결해지고자 하는 인간에게 큰 위험이 된다. 즉 인간을 능가하고 인간과 세계를 창조했다고 믿어지는 신이라는 이념은 인간에게서 창조의 신념과 비상의 용기를 앗아간다. 신은 고귀하고 강한 인간을 만드는 데 적합한 전제가 아니다. 게다가 신은 경험의 범위를 넘어서는 신념의 영역에 속하는 존재라서 그 본질과 속성에 있어서 인간의 추측을 넘어선다. 그러한 것이 바로 억측이다.

니체가 말하는 '위대한 정오'는, 신으로 상징되던 초월적이고 형이상학적인 착상이 인간의 믿음을 상실하고 그 대신 인간의 미래에 대한 새로운 희망이 싹트는 순간이다.

> 신은 일종의 억측이다. 나는 너희의 억측이 너희의 창조 의지를 뛰어넘는 일이 없기를 바란다.
> 너희는 신을 창조할 수 있는가? 그러니 일체의 신들에 대해 침묵해야 할 것이다! 그러나 위버멘쉬는 창조해낼 수 있을 것이다.
> 형제들이여, 너희 자신은 아닐 수도 있다! 그러나 너희 자신으로 하여금 위버멘쉬의 선조가 되고 조상이 될 수 있도록 거듭날 수는 있을 것이다. 그렇게 하는 것이 너희가 할 수 있는 최선의 창조이기를! (『차라투스트라는 이렇게 말했다』, 140쪽)

✺ 겁먹지 말라! 안전의 확대는 힘의 쇠퇴를 낳는다

비극 시대의 그리스인들에게 나타나는 추한 것에 대한 열망과 염세주의적 성향을 설명하면서 젊은 니체가 내놓은 가정은 건강과 풍요와 넘치는 생명력에서 오는 염세주의, 즉 강함의 염세주의도 있다는 것이었다. 봄이 도달할 때 벌판 가득히 느껴지는 저 생명의 방일과 도취, 그리고 젊은이에게 주어진 특징적인 넘치는 건강과 과도한 풍요는 무모한 시도와 광적인 도전도 가능하다고 여기게 만든다. 실로 젊음은 뻗치는 힘을 주체하지 못하고 그 가능성을 확인하고 싶어

한다. 넘치는 힘, 상승하는 힘이 영역을 확장하기 위해서는 자극과 저항이 있어야 한다.

안전의 확대는 결과적으로 힘의 쇠퇴를 낳는다. 정신을 끊임없이 자극하고, 힘을 모으게 만드는 위험은 인간을 섬세하게 만들고 집중시킨다. 니체 철학에서는 고귀한 인간의 달성을 위해 기독교와 신이 그런 베수비오 화산과 같은 역할을 맡는다. '도그마 안에서만 사고해야 한다'는 강제는 정신의 힘을 폭발적으로 증대시켰고, 그리스도교에 대한 투쟁은 인간의 정신을 섬세하게 만들었다. 교회의 의도와 달리, 성장하고자 하는 힘은 교회와 신의 빈자리가 주는 허무주의마저도 이용한다. 이러한 대립은 인간이 단지 더 많은 수확을 위해 치러야 할 대가였을 따름이다.

> 교회는 언제나 교회의 적을 절멸시키고자 했다: 우리, 비도덕주의자이며 안티크라이스트들인 우리는 교회의 존재가 우리에게 이롭다고 본다. (『우상의 황혼』, 107쪽)

니체는 무슨 근거로 자신을 "유럽 최초의 완벽한 허무주의자"라고 칭할 수 있는가? 그는 아마도 자신이 가지고 있는 근본적인 건강에 대한 믿음과 건강한 생명의 고유한 조형력을 내세울 것 같다. 사유하는 인간에게 가치를 설정하는 삶의 본능이 고갈되지 않으리라는 믿음 말이다.

> 여기서 말하는 자는 지금까지 숙고하는 것 외에는 아무것도 하지 않았다. 자신의 이득을 먼 곳에서, 외부에서, 안내에서, 지체에서, 뒤처짐에서 발견하는 본능에서 출발하는 한 철학자로서 그리고 은둔자로서: 이미 모든 미래의 라비린스(미로)에서 한번 길을 잃었었던 감행하는 정신으로서; (…) 유럽 최초의 완전한 허무주의자로서, 그러나 허무주의를 이미 자신의 내부에서 끝까지 체험해본 자로서 - 허무주의를 자신의 뒤에, 밑에, 자신의 밖에 두는 자로서…. (전집 20권, 518쪽)

건강한 자는 실로 모든 것으로부터 자신에게 유용한 것을 발견해 내는 자다. 그리고 자신이 가진 자연적인 성향과 충동 전체를 도덕적인 왜곡 없이 긍정하고 이용할 수 있다는 것 자체가 이미 건강의 증표이자 한 인간이 이룩한 고결한 성향의 증거다.

> 기품을 지니고 아무런 근심 없이 자신을 충동에 맡길 수 있는 사람들이 얼마든지 있다. (…) 스스로에 대해 두려움을 갖지 않는 것, 자신이 수치스러운 일을 하리라고 생각하지 않는 것, 충동이 우리를, - 우리들 자유롭게 태어난 새들을 - 이끄는 대로 아무 의심 없이 날아가는 것이야말로 고귀함의 징표다! 우리가 어디로 가든 자유와 햇살이 항상 우리를 둘러싸고 있을 것이다. (『즐거운 학문』, 272쪽)

동양의 꿈은 신독(愼獨)을 말한다. 공자가 말하는 '마음이 바라는 것을 따라 행해도 법도를 넘지 않는 상태(從心所欲不踰矩)' 역시 같은 맥락에 서 있다. 어떤 인간이 자신에 대한 두려움 없이 충동을 따를 수 있는가? 고결한 성품을 닦아 길러낸 사람들이다. 이들이 니체가 말하는 더 높은 인간들이다. 그들은 신의 빈자리를 발판 삼아 부단히 자신을 극복하고 강화하면서 경지에 이르게 된다. 허무주의를 넘어설 수 있는 자는 부정에의 의지를 극복하고, 권태와 정위상실과 불안이 지배하는 허무주의를 성장하는 생명의 자극으로 이해하는 자다.

"'신은 죽었다'는 선언은 단순한 무신론이 아니라 의미의 근거가 사라진 시대에 대한 진단이었다. 그러나 니체는 허무주의에 머무르지 말고, 신의 빈자리를 새로운 창조와 힘의 계기로 삼으라 권한다. 두려움을 넘어 심연을 마주할 용기 속에서 인간은 스스로를 극복하며 더 고귀한 존재로 성장할 수 있다."

내일과 모레의 인간이 되어야 한다

우리가 쓰는 어떤 단어들은 시간이 흐르면서 그 순수함과 거기서 오는 강렬함을 상실하기도 한다. 어떤 우연적인 상황이 그 단어를 묽게 만들어, 그 결과 폭발력이 없어졌기 때문일 것이다. 잘못된 연관 속에서 오용되는 경우가 일상이 되어 판단이 흐려지는 일도 있다. 아니면 그 단어를 입에 담을 자격이 없는 자가 맹랑하게 그것을 자주 사용해 염증이 나는 경우도 있다.

나는 오래전부터 '위대한'이라는 형용사를 자주 사용하는 사람들을 눈여겨보게 되었다. 이 형용사가 수식하는 것들은 민족이나 국가나 국민처럼 애매하고 그 본질적인 형상이 잘 그려지지 않는 추상개념들인 경우가 많다. 이를테면 이런 식이다. 무자비한 경제 번영을 통해 재건될 '위대한' 미국, 민주주의를 지켜낸 '위대한' 국민, 우리의 온 마음을 걸어야 할 '위대한' 조국….

현대사에서는 전체주의 국가의 지도자나 무리한 이념의 선동가들이 주로 이 형용사를 사용하곤 했다. 그 결과 우리는 이 단어가 진정한 사태를 드러내고 고결한 인간을 지칭하거나 새로운 미래를 기획하기 위해서 사용될 때조차도 몸을 사리고 의심의 눈초리를 예리하게 세운다. 형용사를 따라가야 하는지, 애매한 명사에 주목해야 하는지 잘 판단이 서지 않는다. 그런 상태가 계속되다 보면 '위대한'이라는 형용사를 사용하는 것을 꺼리게 된다.

✹ 인간의 위대함은 아직도 가능한가?

혹시 우리는 이제 니체가 인간의 왜소화와 허무주의를 극복하고자 인간의 위대함에 대해서 말할 때조차 동일한 의심과 권태를 보이고 있지는 않는가? 인간을 타성과 역할에 묶어 범용하고 소시민적인 안락과 수동적인 소비의 욕망으로만 몰아가는 현대성에 대해 비판하고 극복을 모색하면서 니체는 쉬지 않고 '위대함'의 개념에 천착한다. 그에게는 인류가 현대적 이념의 정신병원에서 상실한 것으로 보이는 고귀하고 독자적인 존재를 다시 불러내려는 열망이 있다. 그가 군중의 시대인 현대를 비판할 때 염두에 두고 있는 것이 바로 인간에게 다시 가능해져야 할 위대함이다.

군중 혹은 대중은 니체에게 사회를 구성하는 낮은 점토층일 뿐이며, 이들의 욕구를 중시하는 역사는 무가치한 역사일 뿐이다. 그에게 대중은 오로지 세 가지 측면에서만 유의미한 관찰의 대상이 된다.

> 첫째로는 나쁜 종이 위에 낡은 건판으로 제작된 위인의 희미한 복사로서, 그 다음에는 위대한 인물에 대한 저항으로서, 마지막으로는 위대한 인물의 도구로서 가치가 있다. 그 외의 측면에서 대중은 악마와 통계학이 데려가 버려라! (『반시대적 고찰』, 372쪽)

물론 니체 역시 수량적인 정보를 다루는 방법인 통계학이 그 나름의 기능을 가지고 있다는 사실을 부인하지 않는다. 그러나 통계학이 역사에서 증명한 법칙은 그의 눈에는 "대중이 얼마나 비천하고 구역질 날 정도로 획일적인지"에 관한 것일 뿐이다. 대중적 기호, 그들의 서로 흉내 내기, 어리석음, 사랑과 굶주림의 효과가 법칙이라면 그것은 무가치한 법칙일 뿐이며, 이것들이 지배하는 역사 역시 무가치한 역사일 뿐이라는 것이 니체의 생각이다. 그래서 니체에게 대중적 기호에 편승한 역사적 권력을 위대하다고 말하는 모든 역사적 서술은 "의도적으로 질과 양을 혼동하는 것"일 뿐이다.

실제의 정황과 그 속에서의 자신의 실존적 위치를 확인하는 정신의 정확한 산정능력과 진지함을 상실하고, 일상의 평범함과 소시민적 안락만을 원하는 대중이 이 상황을 벗어날 수 있는 가능한 유일한 진보의 방식은 역설적으로 보편적 이성의 단련을 통해 정신을 예민하게 만드는 일이다. 그러나 유니크한 개인들 모두가 눈을 감고 역할을 연출할 뿐인 대중이 된 시대에 보편적 이성을 세련되게 연마하고 개념들의 소소한 차이와 뉘앙스들을 중시하는 일은 요원하고 드문 일이 될 수밖에 없다.

청년의 의지박약과 허무주의를 시대의 병으로 진단하는 니체가 던지는 선명한 메시지 중의 하나는 우리가 모두 우주에서 유일무이한 독특한 존재(unicum)라는 사실을 잊지 말라는 것이다. 그러나 우리가 이 메시지를 통해 범속성에서 벗어나 주권적 개인으로 비상하라는 니체의 응원하는 목소리를 들을 수 없다면, 웅변적으로 들리는 이 문장은 사실 별다른 특이한 사실을 전달하지는 않는다. 인간뿐 아니라 세상에 존재하는 모든 존재자는 엄밀히 말해 모두 다 이 명제에 귀속된다. 어느 돌, 어느 풀 하나 독특하지 않은 것이 없이 유일무이한 존재자인 것이고, 우리 모두는 이 사실을 잘 알고 있다.

> 자신이 단 한 번, 유일무이한 존재로 세상에 존재한다는 것을, 또 어떤 이상한 우연도 두 번씩이나 그토록 기이하게 다채로운 갖가지를 뒤흔들어 섞어 그 같은 하나의 존재로 만들지는 못하리라는 것을 누구나 다 알고 있다. (『반시대적 고찰』, 391쪽)

그러나 인간은 통상 자신이 잘 알고 있는 이 사실을 감추고 풍속과 의견 뒤에 숨는 경향이 있다는 것이 니체의 진단이다. 계몽을 "스스로 자초한 미성숙으로부터 벗어나는 일"이라고 정의한 칸트의 진단과 맥을 같이해, 니체 역시 비겁한 게으름에서 이 도주와 자발적인 눈 감음의 이유를 찾고 있다. 게으름과 비겁은 인간이 자신의 지성을 자발적으로 사용하는 일이 두려워 스스로 미성숙을 자초하는 원인일 뿐만 아니라, 니체에 의하면 이는 자신의 유일무이성을 부정하는 원인이기도 하다. 따라서 위대한 사상가가 인간을 경멸하는 이유는 바로 인간이 풍속과 의견 뒤에 숨는 일의 원인이 되는 편안함, 타성, 나태함을 가지고 있기 때문이다.

> 나태함 때문에 인간은 공장에서 생산된 상품처럼, 관심도 흥미도 없는 것처럼 보이고, 교류할 가치도 없어 보인다. (『반시대적 고찰』, 391쪽)

❋ 독창적이지 않은 인간은 가짜다

청년에게 실존의 우연성을 긍정적으로 넘어서 현존재의 주인이 되도록, 대중에게서 멀어지도록 권면하는 니체의 눈에 자신의 독창성을 무시하고 공적 의견만을 가지고 있는 인간은 "황폐하고 역겨운 피조물"이자 "가짜 인간"일 뿐이다.

대중과 시대의 기호나 판단에 휩쓸리지 않으며 달리 존재하고 홀로 서는 능력, 전적으로 자신의 힘과 의지만으로 시대의 한계를 타진하고 좁은 도덕을 극복하는 고결함과 용기가 바로 니체가 위대함을 생각하는 방식이다.

> 가장 고독한 자, 가장 은폐된 자, 가장 격리된 자, 선악의 저편에 있는 인간, 자신의 덕의 주인, 의지가 넘쳐나는 자가 될 수 있는 자가 가장 위대한 인간이 될 수 있을 것이다. 다양하면서도 전체적이고 폭이 넓으면서도 충만할 수 있다는 이것이야말로 위대함이라 부를 수 있을 것이다. 그런데 다시 한번 물어보자: 오늘날 위대성이라는 것이 가능한가? (『선악의 저편』, 191쪽)

한계 상황 속에서 극단적인 것을 생각하는 것은 혹독하지만 위대한 일이다. 사상과 행동의 조건으로 피할 수 없는 극단을 느끼고 바라볼 때만 시대가 강요하는 범용과 절충주의와 우둔함과 어중간함과 완전한 무가치에서 탈출할 수 있기 때문이다.

위험과 위기와 고독 속에서 필연적으로 사고하고, 그 사고가 불러일으킨 행동의 결과를 모두 견디며 감수하고 책임진다는 것, 자신에게 남아 있는 의미의 빈 공간을 뒤집어 새로운 가치판단과 전망의 기회로 삼을 수 있는 용기와 활력과 의지의 강함과 준엄함을 내보인다는 것, 자신 속에 발견되는 다양성과 광범위함이 배태한 모순들 앞에서 기가 죽지 않는다는 것, 자신의 관심과 취향과 욕망이 가지는 다면적 전체성을 광범위하게 늘리면서 동시에 고결한 책임의 영역을 확대해간다는 것…. 니체가 말하는 위대함의 조건들을 나열하는 일은 시대의 도덕이 숨기고 있는 위선과 안일과 방임과 자포자기와 허위를 폭로하는 일들과 연결된다.

그리고 그것은 아마도 우리 모두가 현대로부터 강요받는 자기분열을 감당하는 일로부터 시작될 것이다. 자신 안에서 벌어지는 열광적인 충동과 싸움을 지켜보고 감당하며 적극적으로 참여해 새로운 존재로 태어나는 전 과정은 상당한 에너지와 잔인함을 요구한다. 자신과 세상을 긍정하는 새로운 존재가 되기 위해 이분되는 것이야말로 갑자기 훌쩍 떠나버리는 극적인 내용의 현대적 드라마가 바탕에 깔고 있는 것일지도 모른다. 인간의 새로운 위대함을 염두에 두지 않더라도, 새로운 존재는 항상 자기와의 분열을 통해 만들어진다.

✸ 분열을 견디는 영혼이 미래를 연다

근대는 분할되지 않는 주체인 개인을 발견하면서 시작한다. individuum(인디비두움)이라는 단어는 둘로 나눌 수 없다는 뜻이다. 그러나 인간은 모든 결정적인 순간에 둘로 나뉜다. 존재와 당위, 지금 있는 이대로의 나와, 내가 그렇게 되어야만 하는 내가 다르다는 것을 깨닫고 아는 것이 인간을 윤리적으로 만든다. 자신 안에서 그 차이의 공간이 깊어져가는 것을 느낄 때 인간은 극복하는 존재이자 넘어가는 존재가 된다.

존재라는 것은 현실 속에 지금 이렇게 살아가는 나의 어쩔 수 없음을 나타낸다. 나는 내가 선택할 수 없었던 수많은 과거의 열망들과 충동들과 역사적 사건과 우연한 자연적 결합을 통해 만들어진 필연적인 최종 결과물이다. 반면에 당위는 마땅히 그래야만 하는 나다. 누가 그 당위를 만드는가? 일차적으로는 문명 속에서 법과 도덕과 예의와 관습이 그것을 명령한다. 그리고 우리는 생존을 위해서라도 이 기존의 권위에 매달려 상당히 오랫동안 복종하고 거기에 충성을 다하게 된다.

> '그대는 누군가에게 오랫동안 복종해야만 한다: 그렇지 않으면 그대는 파멸하게 되며 그대 자신에 대한 마지막 존경심마저 잃어버리게 된다' - 이것은 나에게 자연의 도덕적 명법처럼 보인다. (『선악의 저편』 143쪽)

오랜 기간의 강제와 복종이 귀중한 이유는 그것이 힘과 자유를 획득하기 위해서 거쳐야 하는 필연적인 단계이기 때문이다. 이런 복종 중에는 자의(恣意)에 대한 복종도 있다. 자연과 이성에 대한 폭압으로 보이는 것이 실상은 엄격함과 확실성을 배양하고 최종적으로 자유로운 운신과 춤 같은 경쾌함을 낳는다는 놀라운 사실 앞에서, 니체는 혹시 이러한 강제와 한 방향으로의 순응이 자연의 정상적인 상태는 아닌지 묻는다.

그에 의하면 덕, 예술, 음악, 무용, 이성, 정신성처럼 지상의 삶을 가치 있게 만드는 모든 것은 그렇게 강제와 훈육을 거치며 형성되었다. 니체가 말하는 자유정신과 주권적 개인은 이 지난한 사회화 과정의 마지막에 그 과정의 만숙한 열매로 결실을 맺은 자다. 그는 강한 성격과 포괄적인 관점과 이해력을 기르기 위해 자발적인 강제와 훈육을 긍정하며, 새로운 이상과 고상한 문화의 형식을 만들어내는 사람이다.

깨어나 인식의 길을 걷기 시작한 자, 문명의 작위가 가진 무근거성을 파악하고 자기 삶의 주인이 되기로 작심한 자는 가고자 하는 곳과 되고자 하는 자기를 스스로 만들 수밖에 없다. 그에게는 자신이 입법한 이상과 당위가 지금의 자기를 넘고 극복해야 하는 이유가 된다. 그 편차가 크면 클수록, 떠나온 존재와 다가갈 당위의 차이가 크면 클수록 그것을 견디는 인간의 영혼은 깊어진다. 새로운 서판을 쓰고 인류의 미래를 배태한 철학자에게 우선 나타나는 분할은 바로 현재와의 그것이다.

> 필연적으로 내일과 모레의 인간이 될 수밖에 없는 철학자는 언제나 그 자신이 사는 오늘과 모순된 상태에 있어왔고 그렇게 있을 수밖에 없었던 것이라고 나는 더욱 생각하게 된다. 그의 적은 언제나 오늘의 이상이었다.
>
> (『선악의 저편』, 189쪽)

내가 나온 곳과 척지는 일은 우리를 두렵게 한다. 그것이 이상이나 관점이나 도덕인 경우에도 마찬가지다. 그러나 그것들에 매달리지 않고 그 강고해 보이는 뿌리를 헤쳐 심연을 바라보았다는 것만으로도 이미 사람은 충분히 강하다. 새로운 사태가 주는 불안 앞에서 사람들이 무분별한 공포에 질려 옛것에 더 매달리고 뒷걸음질칠 때, 매달릴 곳과 안전한 곳이 없다는 것을 밝혀본 자가 더 살 가능성이 크다. 붕괴하는 세계에서 살 수 있는 유일한 길은 그 세계의 밖, 한계를 넘어서는 것이다. 거기 내일과 모레의 인간들이 산다.

"니체에게 위대함은 대중적 권위나 안락에 안주하지 않고, 자기 분열과 고독을 견디며 새로운 가치를 창조하는 힘이다. 그는 오늘의 인간이 아니라 '내일과 모레의 인간'으로 살아가려는 이들만이 시대의 허무를 넘어설 수 있다고 보았다. 위험과 불안을 돌파하는 용기 속에서만 인간은 주권적 개인으로 거듭난다."

주권적 개인들의 공화국을 세워라

니체는 현대 문명의 유약함을 이야기하면서 이제 진정한 위선마저도 찾아보기 어렵다는 사실을 지적한다. 이 시대에는 위선마저도 가짜이며 연출된 것처럼 보인다는 것이다. 생존을 위해서 사회나 국가 등 강력한 어떤 조직이 요구하는 믿음을 신봉한다고 공언할 때마저도 실제로는 자신의 믿음을 버리지 않았던 강렬한 신앙의 시대가 있었다.

자신과 다른 믿음에 대해서 관용적이지 않았던 비타협적 시대와 대조적으로, 현대는 서로의 체면을 손상하지 않고자 행하는 필연적인 연극 안에서 너무나 평온하다. 현대인은 너무도 쉽게 하나의 확신을 버리거나 아니면 다른 확신으로, 하나의 신앙에서 다른 신앙으로 이월해간다. 어떤 것에서도 중심을 찾지 못하거나 찾을 필요를 느끼지 못하기 때문이다.

니체는 이러한 사실을 두고 의지의 박약이 초래한 타협이자 자기에 대한 유약한 관용이며, 굵은 선의 인간이 사멸한 증거이자, 신앙과 확신이 인간의 삶에서 힘을 잃고 장식물로 전락한 결과라고 말한다. 그래서 니체의 눈에는 지적 양심을 견지하는 듯 보이는 몇 안 되는 위선자들마저도 단지 위선을 흉내낼 뿐인 연기자들에 불과하다.

✹ 대중은 근거가 아니라 열광적인 몸짓을 선호한다

현대의 주인이 된 대중의 특징 하나는, 그들이 근거보다는 열광적인 몸짓을 보는 것을 더 선호한다는 사실이다. 그래서 공평무사한 정의로운 시선을 가진 탐구자보다는 니체가 "병든 정신들"이라 부르는, 자신에게 필요한 시각만을 사용하는 광신자들이 만들어내는 "개념의 간질병자들의 거창한 태도"가 대중에게 효력을 발휘한다. 같은 맥락에서 효과를 중시하는 극장은 대중이 모이기를 좋아하고, 연극은 "취향 문제에 있어서 대중 숭배의 한 형식"이자 "대중 봉기"로 표현된다. 그러나 이렇게 대단한 열광을 타고 도래한 배우의 황금기, 즉 대중이 결정권을 행사하는 시기에는 인식에서 실제적인 극복과 도약의 기초가 되는 진정함이 해롭고 불필요한 것으로 냉대받기도 한다.

열광적인 몸짓에 대한 선호는 극장을 넘어서 사회와 정치의 영역으로도 확장된다. 따라서 현대적 배우의 대표적 유형 중 하나인 정치가에게서 허무주의의 전형적 특성인 저급한 단순화가 발생하는 것은 충분히 예상할 수 있는 일일지도 모른다.

대중을 움직이려는 사람은 자기 자신을 연기하는 배우가 되어야 하지 않을까? 우선 그는 자기 자신을 그로테스크하고 명백한 모습으로 전환시키고, 그의 전 인격과 일을 이 거칠고 단순화된 모습으로 제시해야 하는 것이 아닐까? (『즐거운 학문』, 241쪽)

물론 이 인용문은 정치가만을 염두에 두고 쓴 것이 아닐지도 모른다. 이 단상의 소제목에는 "대중을 움직이기 위해서는"이라고 되어 있다. 대중을 움직이고자 하는 자는 정치가를 비롯해서 선동가, 종교인, 사상가 그리고 니체의 광인 등 넓은 스펙트럼의 인간을 포함한다. 그러나 기본적으로 미래의 의지를 지금 묶기 원하는 모든 이들에게 공통될 수밖에 없는 특성은, 타인을 움직이기에 앞서 약속하는 자 스스로가 예측가능하고 규칙적이며 필연적인 존재가 되어야 한다는 것이다.

도구적 이성으로 복잡다단한 생기로 이루어진 세계를 단순화해서 지배해온 근대인은 자신에게 유용한 이 자연지배의 도구를 사용하기 위해 스스로가 먼저 예측가능하고 계산가능하며 정량화 가능한 존재가 되어야만 했다. 세계의 물리적 지배라는 욕망을 만족시키기 위해 근대인은 자신의 수많은 가능성 중에 표준화가 가능한 부분만을 특화시켜 발달시켰고, 종래에는 나사처럼 잘 기능하는 표준형 인간으로 위축되기에 이르렀다.

마찬가지로 어떤 강력한 인상에 대한 욕구가 지배하는 세계극장의 주인이 되기 위해, 인간은 그 욕구에 부응하는 연기자가 되기에 이른다. 그래서 니체가 현대적 배우의 극명한 예로 들고 있는 정치가가 인기에 영합하는 방법은 스스로 대중과 같아지는 일이다.

생활세계 전반에 걸쳐 연극과 대중이 중요하게 된 현대는 사물과 사태 안에 들어 있는 더 높은 의미체계가 주는 위압과 공포를 상실한 시대이고, 모든 것이 피상적인 가면처럼만 기능하게 된 시대다. 가면으로 기능하는 현대의 눈에는 예전에는 상징이자 의미체계였던 것들마저도 역사 속에서 명멸해간 또 다른 가면으로 보일 뿐이다. 우리가 지금 행하는 것과 행하지 않는 모든 것들이 과거와 미래 전체에 걸쳐 의미심장하게 된다는 니체의 영원 회귀론 관점은 부정적인 현대의 모습에서도 여전히 타당하다.

✺ 인생과 역사가 연극이어도 괜찮다

니체는 영겁회귀를 이야기하는 한 구절에서 인생 전체를 연극(Schauspiel)이라고 부른 바 있다. 과거에 있었던 모든 것과 현재에 존재하는 모든 것을 피상적으로 만드는 생명의 연극적인 속성을 알면서도, 이 연극의 심연을 바라보고 그 필연적인 필요성을 깨달은 자로서 니체는 이 모든 것이 다시 돌아올 것을 희망하고 있는 것이다. 실존의 연극성을 인식하면서도 그것이 계속되기를 바라는 이 역설적인 소망은 그래서 그 스스로에게도 '악순환의 신(circulus vitiosus deus)'으로 비친다.

그러나 바로 이 역설적인 상황까지를 긍정하는 것이야말로 약함의 염세주의를 넘어 생명 전체를 강하게 붙들어 끌어올리는 위대한 긍정이다. 생명을 구성하는 모든 것들의 입장을 전부 거쳐 가보고 싶다는 소망을 이루어가는 과정은 천 개의 가면을 필요로 하는 일이기도 하다. 존재의 모순성을 통해 드러나는 생명의 통일성을 인정한 자는 그래서 비둘기와 뱀과 돼지, 이 모두이고 싶은 것이다.

어쩌면 이러한 생각은 니체가 헤라클레이토스의 사상을 통해 인정했던 그리스적 본질의 위대한 개념인 '모순적인 것들을 통한 조화와 통일'이라는 사상과 맥을 같이 한다. 니체에 따르면 "생성 속의 법칙과 필연성 속의 유희에 관한 학설"을 통해 유구한 생명의 변화와 흐름을 긍정하는 헤라클레이토스의 심미적 세계관은 생명의 연극이 함장한 위대성에 대한 긍정과 다름없다. 긍정적인 것과 부정적인 것, 위대한 것과 비천한 것, 탁월한 것과 범상한 것 등 서로 대립하는 모든 것들이 서로 경쟁하며 투쟁을 통해 장엄한 흐름을 형성하고 변전하는 과정 전체에 대한 긍정이 바로 모순 속의 합법칙성, 영원한 로고스가 입고 있는 살아 있는 옷으로서의 코스모스를 관조하는 헤라클레이토스적 세계의 장엄함이다.

세계의 역사는 생명의 장엄함이 펼쳐지는 무대로서 다양한 볼거리를 제공하는 연극무대가 된다. 예를 들어 기독교를 통해서 길러진 지적 성실성이 기독교를 의문의 대상으로 삼았을 때 벌어지는 필연적인 도덕의 몰락은 니체에 의하면 장시간에 걸쳐서 그 위용을 드러내는 사건이다. 그것은 이후의 두 세기를 위해 아껴온 100막으로 구성된 대단히 무섭고 의심스런 연극이며, 동시에 미래의 인간을 배태한 연극이기에 "가장 희망에 차 있는 연극"이기도 하다.

연극과 가상의 개념에 니체가 부여하는 이러한 양가적 가치들을 염두에 두고 우리가 이제 던져볼 수 있는 질문은, 연기와 연극적인 것은 다 부정되어야 하는가에 대한 질문이다. 약함의 허무주의와 강함의 허무주의가 나란히 있다면, 성격의 부재와 환경의 압력과 강제로부터 기인한 약함의 배우와 나란히 인식욕과 생명력의 풍부함에서 모든 것을 시험하는 강함의 배우도 함께 생각해볼 수 있을 것이다.

인생을 견딜 만한 것으로 만들어주는 영혼의 피부인 허영에 대한 니체의 잠언들은 이 질문에 대해서 이중적인 답변의 가능성을 열어놓는다. 허영은 상궤를 벗어나는 극단적인 일들을 감행하게 하는 원인이며, 그 속에 숨어 있는 비천한 자만에도 불구하고 이기심과 힘을 합쳐 덕을 함양(涵養)해온 필수 불가결한 충동이다. 연기와 가상, 연극적인 것들에 대한 니체의 견해 역시 이와 유사하게 이미 아폴론적 충동을 디오니소스적 충동과 보족적인 것으로 이해하는 『비극의 탄생』에서부터 그 긍정적인 면모를 드러낸 바 있다.

※ 인간은 인간의 미래다

연기에는 가상의 베일을 치는 능력, 자신이 만든 가상을 스스로 먼저 믿어서 타인에게 실재로 믿게 만드는 능력, 가상의 수단을 자유자재로 운용하는 재기와 끈질김이 요구된다. 즉 이러한 능력들이 드러나는 정도에 따라서 다양한 수준의 연기가 구별될 수 있는 것이다. 그래서 삶과 진리의 가상성과 위장에 대해서 탁월한 감각이 있는 니체가 요구하는 것은 전반적인 연기와 연극적인 것의 폐기가 아니다. 인식의 여정에서 여전히 극장의 필요성을 인정하는 그가 요구하는 것은 오히려 제대로 된 나은 연기와 영리함이다. 그래서 관객으로 남기에는 아직 정열적인 젊은이들에게 니체가 권하는 것은 예외적인 것을 찾을 수 있는 제3의 눈을 갖는 일이다.

> 비극과 희극이 가장 잘 연출되는 곳에서 비극과 희극을 구하라! 더 흥미진진하고 더 진지하게 그것들이 행해지는 곳을 구하라! (『아침놀』, 380쪽)

니체는 우리에게 모두가 다 꿈만 꾸는 세상에서 우리라도 더 이상 꿈을 꾸지 말고 깨어나자고 부추기고 있는 것이 아니다. 오히려 이 전반적인 연극적 상황을 인정하고 보다 재미있고 멋진 꿈을 꾸자고 말하는 것이다. 이것이 니체의 시대진단과 처방에 담겨 있는 강한 목소리다.

> 꿈꾸는 것. ─ 꿈을 꾸지 않든지, 아니면 재미있는 꿈을 꾸든지 해야 한다. 깨어 있을 때도 마찬가지다. 깨어 있지 않든지, 재미있든지. (『즐거운 학문』, 240쪽)

이러한 맥락에서 니체가 연기와 연극에 있어서 가상과 존재의 대립이 전혀 느껴지지 않고 윤리적인 것이 철저히 배제된 그리스적 이상으로 철저한 배우 오디세우스를 꼽고 있는 것은 주목할 만한 일이다.

> 그리스인은 오디세우스의 어떤 점에 경탄했는가? 무엇보다도 거짓말하는 능력, 교활하면서도 무섭게 보복할 수 있는 능력, (그때그때) 상황에 대처할 수 있는 능력, 필요하다면 가장 고귀한 사람보다 더 고귀하게 보일 수 있는 능력, 자신이 원하는 것이 될 수 있는 능력, 영웅적인 집요함, 모든 수단을 뜻대로 사용할 수 있는 것, 재기를 갖는 것. (『아침놀』, 284쪽)

시대 비판가이자 인간의 미래를 염려하는 자로서 니체가 두려워하는 것은 생명과 진리의 가상성이나 위장적 성격, 연기의 보편성이 아니다. 오히려 그 가능성의 끝까지 연출되지 못한 가면과 충분히 원활하게 연출되지 못한 연기, 그래서 다시 그 성격과 연출을 담당했던 인간을 진화의 아래 계단으로 끌어내리는 정신의 미숙함과 의지박약이야말로 그가 마지막까지 대결하고자 한 문제일 것이다.

인간은 인간의 미래다. 동경과 의지가 있을 때 특히 그렇다. 그리고 그렇지 못한 경우에도 역시 그렇다. 주인과 노예의 싸움은 인류의 역사에서뿐만 아니라 한 인간 안에서도 계속된다. 내 안의 군중과 짐승, 수동성을 능동적인 창조로 변모시키는 일이 강한 생명을 키운다.

우리 안과 밖에 성자와 예술가와 철학자를 만드는 일은 영혼의 폭을 깊고 높게 만드는 사람들의 무언의 연대를 통해서 가능하다. 문화의 고양은 쉼 없는 자기 강화와 적극적인 도전이 만들어낸다. 자기 속의 혼돈을 조직해 힘의 경제학 안에서 일관성 있고 연관된 전체를 만드는 일, 거기에 뚜렷한 의미와 방향을 부여하는 일, 내 안에서 의미 있는 인류와 문화가 자라게 하는 일, 별이 되는 일!

어차피 한 번 사는 인생이다. 니체는 인생을 주인처럼 당당하게 살라고 말한다. 꿈을 꾸려면 제대로 꾸라고 말한다. 살려면 제대로 살라고 말한다. 혼란한 일상의 모래 더미에 머리를 처박고 죽을 것인지, 그것을 조직하고 거기에 방향을 주며 작열하는 불꽃처럼 살 것인지를 결정하는 것은 바로 당신에게 달렸다.

"니체는 현대를 가면과 연극의 시대라 진단하면서도, 이를 단순히 부정만 하지 않는다. 그는 허무한 연극이 아니라 더 강렬하고 창조적인 연극을 요구한다. 인간은 자기 속의 군중을 넘어 주권적 개인으로 서고, 스스로 별이 되어 미래를 비추는 무대의 주인으로 살아야 한다고 말한다."

Nietzsche

3장

무엇을 하든
생명의 편에 서라

우리가 아름다운 것 앞에서 숨을 죽이고, 영원의 몸짓과 의식 앞에서 멈춰 서는 이유는 무엇일까? 우리가 좋아하는 음악의 리듬과 춤의 기본 박자가 심장의 박동과 혈액의 순환을 닮은 것은 단순한 우연이 아니다. 인간의 감성과 지성은 본능적으로 생명의 리듬을 따라 조율되어 있으며, 아름다움과 자유를 추구하는 우리의 성향은 바로 이 생명의 본성에서 비롯된다.

그러나 인간은 때로 이 생명의 박동을 무시하고 착취한다. 그 결과는 겉으로 잠시 장엄해 보일 수 있지만, 결국 인간을 병들게 하고 위축시키며 스스로를 파괴하는 방향으로 흐른다. 생명을 거스르는 모든 행위는 시간이 지날수록 퇴폐로 드러나며, 삶의 기초를 허물고 만다.

반대로 예술과 종교와 철학이 생명의 편에 설 때, 인간은 자신의 힘이 발현되고 상승하는 기쁨을 경험한다. 생명의 긍정 속에서 자신이 올바른 행로 위에 있음을 직감하고, 삶이 유의미하다고 느낀다. 생명은 단순히 주어진 조건이 아니라, 끊임없이 확인되고 갱신되는 하나의 약속 같은 것이다.

이 장에서는 니체가 말한 생명의 긍정과 그것을 실천하는 방식을 살펴보고자 한다. 그는 생명을 긍정하는 일이 단순한 생존이 아니라, 끊임없이 자신을 창조하는 행위라고 말한다. 고통과 위기를 힘으로 전환하는 용기, 그리고 사유와 예술과 우정을 통한 자기 확장이 바로 그가 제시한 길이었다. 니체가 보여준 삶의 방식은 결국 하나의 선언으로 귀결된다. 무엇을 하든, 반드시 생명의 편에 서라.

생명을 사랑하는 것이 생명의 본성이다

우리 중에 아무도 세상에 오고 싶어서 온 사람은 없다. 그러나 세상에 온 생명은 모두 오래 머물고 싶어 한다. 하루하루를 살아내는 일이 아무리 고단하고 버겁더라도 생명체는 살아 있기를 원한다. 개똥밭에 굴러도 이승이 좋다!

고관대작이나 금수저의 자식이 아니더라도, 빼어난 재기나 능력을 타고나지 못했더라도, 생명의 흐름 속에 머물며 흐를 수 있다는 사실만으로도 인생은 남는 장사이자 놀라운 선물이다. 생명을 가진 존재가 생명을 사랑하는 것, 그것이 생명의 본성이고 세상을 존속하게 만드는 생명의 비밀이다.

우연히 태어난 이 지구에서 자신에게 허락된 시간이 얼마나 될지 미리 아는 사람은 없다. 그러나 할 수만 있다면 우리는 오래오래 생명의 샘에서 물을 긷고 싶은 것이다. 하루를 살다 가는 하루살이부터 이십여 일을 살자고 수년간을 땅속에서 고치로 지내며 탈피를 거듭

하는 매미나 이제 백여 년을 살게 된 현대인에 이르기까지 자신의 생명을 사랑하고 아끼는 마음에는 예외가 없다.

고대 철학자들을 놀라게 만들었던 질문이 바로 생명에 관한 것이었다. 어째서 무(無)가 아니라 존재란 말인가? 산천초목과 그것을 채우는 잡다한 생명체, 그리고 인간이 여기 있어야 할 어떠한 이유도 명확하지 않은데, 어째서 세상에는 아무것도 없는 것이 아니라 이렇게 삼라만상이 있는 것인가?

이 세계에 드러나기 전에 자신이 무엇이었을지를 떠올리는 일은 막막하고 두려운 일이다. 비존재와 존재를 나누는 저 경계와 그것을 넘어서는 순간을 생각하는 일은 아득하고 망막한 일이다. 영원과 영원 사이에 순식간에 지나가는 개체의 생명, 하지만 또 계속되는 이 변화와 유전의 도저함! 급작스레 도래한 설명할 수 없는 생명의 범람과 그 도도한 흐름이야말로 자연을 바라보며 그에 대해 이성적 설명을 시도했던 그리스의 첫 철학자들에게는 경이로 다가왔다.

✽ 진리를 생명보다 귀하게 본 철학의 오류

하지만 지혜의 학문이라는 철학은 세상을 설명하는 과정에서 머지않아 진리를 생명보다 더 귀하게 여기기 시작했다. 이런 경향은 곧 철학의 주류를 형성하는 흐름이 되었다. 생명이 어디에서나 볼 수 있는 흔한 것이라 그랬을까? 그럴 수도 있다. 거저 받은 것, 아무 데서나 부딪칠 수 있는 것이 아니라, 애써 찾아 헤매고 교육을 통해 갈고닦아야만 겨우 내 것이 되는 것이 고대인들에게 더 중요하게 보였을지도 모른다.

그래서 진리는 숨은 보석처럼 여겨졌고, 사라지거나 변하지 않는 보편적이고 영원하며 인간적 성취의 끝에 발견되거나 신의 은총에 의해서야 주어지는 고귀한 것으로 평가되었다. 진리는 그렇게 인간이 생각할 수 있는 최상의 가치로 자리매김했다. 서양 고대철학에서 진리는 선과 아름다움과 동일시되었고, 모든 철학적이고 종교적인 수련의 마지막에 가서야 다다를 수 있는 빼어난 성취이자 인간 이성이 도달해야 할 목표가 되었다. 인식과 윤리와 예술 모든 영역에서 진리가 무소불위의 권좌에 오른 것이다. 서양은 이렇게 단순히 사는 것을 넘어서 어떤 것을 제대로 아는 것이야말로 인간적 탁월성과 우월함의 증거가 되는 세상을 만들어온 것이다.

사실 진리가 무엇인지를 아는 사람은 별로 없다. 물리적인 인과와 역학적 설명을 넘어서서 소위 인간 행위의 의미를 밝히는 형이상학적 진리에 대해서 확신을 가지고 단언할 수 있는 사람은 없다는 말이다. 그래서 니체는 철학자들이 끊임없이 진리가 무엇인지를 밝히려고 애썼던 사실을 진리의 실제 증거로 보지 않는다. 진리가 실제로 있어서 그것을 찾으려는 노력이 계속되었던 것이 아니라는 얘기다. 니체는 오히려 앞선 철학자들의 학문적 재기발랄함을 넘어서 더 섬세하고 광활하고 우아한 진리 개념을 만들어낼 수 있는 힘과 역량이 자신에게 있음을 증명하기 위해 수많은 철학자가 진리를 밝히는 데 골몰했을 것으로 생각한다.

어릴 적 아버지가 사다준 트리나 폴러스의 그림책 『꽃들에게 희망을(Hope for the Flowers)』의 마지막 부분에서, 애벌레 기둥의 꼭대기에서 무슨 일이 벌어지는지를 알고 난 후에 느꼈던 이유를 알 수 없는 실망과 두려움이 진리를 두고 벌이는 철학자들의 경주에 깃들어 있는 것 같다. 게다가 지성사를 통해서 진리를 놓고 벌인 철학자들의 경합은 진리의 개념 주변에 미로를 닮은 지성의 그물을 쳐서 그 안에서 길을 잃은 가련한 지성인들을 옴짝달싹 못 하게 묶어 가두고 숨쉬기마저 거북한 상태로 몰아간 경향이 있다.

✺ 생철학과 니체의 관계

진리가 이렇게 사람들을 무겁게 찍어 누르며 철학의 권좌에서 군림하는 꼴을 보다 못해서 벌어진 유럽의 문화운동을 우리는 '생철학 운동'이라고 부른다. 생철학의 원어는 독일어 Lebensphilosophie(레벤스필로소피)다. '생명의 철학'이라고도 번역할 수 있는 생철학은 이성이 진리 개념을 너무 확고히 하는 과정에서 발생한 정신의 경직을 타파하고 경험과 삶의 실재성을 다루고자, 18세기와 19세기의 마지막에 마치 각각의 경직되고 인위적인 세기를 정리하고 교정하려는 시도처럼 발생한 지성사 내부의 자정 운동이다.

생철학자들은 불변하는 진리의 개념을 말랑말랑한 생명의 개념으로 대치하고, 유연하고 실험적이고 적극적인 사고가 다시 가능할 수 있게 되도록 노력했다. 생철학적 태도는 이제껏 철학에서 실제인지 아닌지를 의심해왔던 세상을 향해 자신의 눈과 귀와 감각과 심장을 용감하게 여는 일이다. '모든 것을 의심하는' 깜박거리며 비판하는 데카르트의 시선이 아니라, 칸트 철학처럼 마치 다른 세상에서 노는 것 같은 '사물을 지배하려는 섬뜩한 지성의 번뜩임'이 아니라, 존재하는 것에 대한 동병상련을 가지고, 인식하는 시선에게 끊임없이 개념 밖의 어떤 것을 보여주고, 개념의 한계를 넘어서는 삶의 충일성을 반기는 철학적 태도가 생철학이 보이는 성향이다.

니체가 생철학자인지를 놓고 여전히 분쟁이 있지만 니체는 분명 생명을 자기 사고의 중심에 놓은 철학자이고, 그런 면에서 새롭게 존재의 근원과 직접성을 찾으려는 생철학의 운동과 가까운 거리에 서 있다. 그가 자주 읽고 인용한 괴테의 말처럼 니체에게도 그때까지의 모든 이론은 회색이고, 생명의 황금 나무는 푸르를 따름이다. 그에게 인간이 만든 가치들은 우열과 경중을 가진다. 그리고 이를 가르는 기준이 바로 생명이다.

어떤 철학이, 이념이, 종교가 생명의 힘을 더 활발히 상승시킨다면 그것은 인간에게 더 중요하고 가치의 서열에서 더 우위에 선다. 반면에 한 사상과 이념과 종교가 생명을 경시하고 생명에 반하는 내용으로 가득 차 있다면 니체는 분연히 일어나 자신의 그 유명한 망치를 들어올린다.

생명이 생명에 반하는 결정을 내리게 되는 비참한 상황을 부르는 니체의 개념이 바로 '데카당(퇴폐)'이다. 당연히 긍정해야 할 생명을 거스르는 결정을 내릴 수밖에 없는 상황과 그 결정이 바로 퇴폐적인 것이다. 물론 니체 철학에서는 이 퇴폐적인 결정 역시 비굴하나마 생명에 붙어 있으려는 생명의 전략이라는 것이 밝혀지지만, 그것은 상승하는 생명의 증거가 아니라 쇠퇴하고 병든 생명의 징후에 불과하다.

쉽게 이해할 수 있도록 물리적인 예를 들자면, 전장에서 상한 사지를 절단하는 일은 생명을 살리기 위한 어쩔 수 없는 궁색한 전략이다. 다른 조치가 가능하지 않기 때문에 행해진 일일 것이다. 그렇게 살아남은 생명은 예전에 비해 위축되고 쇠퇴한 형태를 취하기 마련이다. 다른 가능성이 있음에도 이와 같은 일이 벌어질 때 니체는 이 상황과 생명을 거스르는 위축된 이 결정을 '퇴폐적'이라고 부른다.

✺ 생명의 철학자 니체

그러면 니체는 생명의 편에 서 있는가? 아니, 다시 질문을 던져보자. 생명은 니체의 편에 서 있는가? 니체는 일찍 뇌연화로 사망한 아버지의 유전적 징후가 자기 몸에서 발현할까 봐 두려워했었고, 의사들도 어린 시절부터 비슷한 염려를 가지고 그의 예후를 추적했다. 24세에 박사학위도 없이 스위스 바젤대학교 문헌학 교수로 임용된 이후에도 그의 건강은 계속해서 추락 일변도를 보였다. 병력을 보면 어릴 적부터 나타난 편두통, 빛 민감증, 속쓰림 외에도, 류머티즘과 잦은 구토, 낙마로 인한 심한 가슴부상이 있었고, 독불전쟁에 참가해 얻어 앓았던 이질과 디프테리아가 있었다. 악화하는 건강을 이유로 강의는 단속적으로 행해졌고, 결국 10년을 채 채우지 못하고 그의 교수 이력은 마무리된다. 교수직을 사직하는 1879년에만 100여 차례의 발작이 있었다.

이후 니체의 행보는 병을 견디기에 더 나은 지역을 찾아 헤맨 방황의 연속이라고 할 수 있다. 그는 일정한 주거지 없이 루체른과 질스 마리아 등의 스위스 산악과 호반 지역들, 이탈리아 리비에라 해안의 도시들, 그리고 지중해 연안의 도시들을 떠도는 방랑의 삶을 보낸다. 루 살로메와의 연애 실패 이후에 있었던 의기소침과 신경쇠약, 자살을 포함한 음울한 생각, 아편 과다복용과 대인기피증도 그의 병력에 추가될 것들이다. 그의 고백에 따르면 말년의 작품들 대부분은 긴 병과 발작의 중간중간에 얻어낸 것들이다.

내부로부터 언제나 새롭게 솟구치는 넘치는 힘과 건강을 얘기하기에 니체의 인생은 대단히 불안정하다. 니체의 몸은 건강하지 못하고, 그가 행하는 모험적인 기획들에 걸림돌이 된다. 그래도 니체는 자신이 가진 근본적인 건강을 확신한다. 그는 생명의 편에 서 있다.

> 전형적으로 병약한 존재는 건강해질 수 없고, 자기 스스로 건강하게 만들기는 더욱 어렵다: 반대로 전형적으로 건강한 존재에게는 병들어 있다는 것이 심지어는 삶을 위한, 더 풍요로운 삶을 위한 강력한 자극제가 될 수 있다. (『이 사람을 보라』 334쪽)

심하게 아프다가 나은 경험이 있는 사람들은 안다. 어느 순간 병의 세력이 더 이상 지배적이지 않고 병마가 묶였던 끈이 풀린 것 같은 날이 온다. 그 아슬아슬한 경계가 어디인지 모르나, 이제 흐르는 땀이나 남아 있는 미열은 더 이상 나를 나락으로 끌어내리지 못한다. 병자는 벌써 생명의 품 안에 있다.

전형적으로 병약한 존재는 어떤 존재일까? 전형적이라는 것이 절대개념은 아닌 모양이다. 니체의 일대기는 언뜻 보기에 전형적으로 병약한 자의 기록처럼 보인다. 그러나 니체는 자신에게 유익한 것과 해로운 것을 구별하고, 치유책과 우연한 나쁜 경우들의 긍정적인 변형을 추구한다. 그래서 그는 자신을 죽이지 못하는 것은 자신을 더욱 강하게 만들 뿐이라고 갈파했던 것이다. 질병마저도 더 풍요로운 삶을 위한 강력한 자극제로 이해할 정도로 니체는 적극적으로 생명에 속해 있다.

✺ 행복이 아니라 왜 사는지가 문제다

우리는 다 행복해지기를 원한다. 그래야 한다고 교육받았고, 그래서 모두 다 행복해지려고 노력한다. 행복을 설하는 대표적인 철학자 아리스토텔레스는 "행복의 조건에는 일정 정도의 부와 사회적인 성공 그리고 건강도 필요하다"고 주장한다. 우리가 이것들을 추구하는 이유는 결국 행복해지기 위함이라는 것이다. 하지만 니체에 의하면 행복은 삶을 충족시키는 최종 목적이 아니다. 니체는 오직 천박한 공리만을 생각하는 영국인만이 행복의 추구를 인생의 목적이라고 생각한다고 비꼰다. 그는 삶의 이유(warum)를 아는 자에게는 삶을 어떻게(wie) 영위할 것인지는 부차적인 문제에 불과할 뿐이라고 생각한다.

나는 왜 사는가? 근대 철학은 이것을 소명이라고 불렀고, 개인의 직업을 천부적 소명으로 해석해 인생에 의미를 부여하려는 시도를 하기도 했다. 우연이건 사고(事故)건 치열한 생각을 통해서건 왜 사는지에 대한 문제를 해결한 사람들은 자신의 인생이 어떤 형태를 취하는지에 커다란 의미를 부여하지 않는다. 어느 나라, 어느 지역에서 어떤 사람들과 무슨 일을 하며 살건 그는 다만 자신이 찾은 인생의 의미에 맞춰 묵묵히 살 뿐이다. 그는 진리를 추구하는 자가 아니라 모든 순간에 자신의 생명이 치열하고 충일하게 타오르도록 최선을 다하는 자다.

생명에 속한 자가 본능적으로 사랑할 수밖에 없는 생명은 여러 형태를 통해 질기고 노골적으로 드러난다. 니체는 생명의 강인하고 노골적인 특성을 탐욕적이고, 물릴 줄 모르며, 구역질나고, 무자비하며, 살인적인 호랑이에 비유한 바 있다. 생명에 붙들린 모든 존재자는 생명이 자신을 현현해나가는 형태들이자, 기존의 경계를 허물고 항상 새로운 실험이 진행되는 실험장이어서 좋건 싫건 생명의 등에 타고 생명이 추는 춤에 참여할 수밖에 없다. 세포의 증식과 분열에서부터 성장과 번식, 교육과 사회의 형성과 정치와 관념의 유희에 이르기까지 우리가 세상에서 만나는 모든 일들은 다 생명의 춤의 한 부분들이다. 그리고 이 모든 현란한 변화와 함께 생명은 근본적으로 파괴할 수 없을 만큼 강하고 환락적이다. 그래서 우리는 인간이 만들어내는 가장 고상하고 탁월한 힘이 발현될 때조차도 자연이 이를 통해 철저하게 생명을 뿜어내고 있다는 사실을 인정하게 된다.

✺ 생명의 부조리와 모순성까지도 끌어안기

생명을 사랑한다는 것은 생명이 가진 부조리와 모순성 역시 끌어안는 일이다. 냉정하게 관찰하면 생명은 우리의 기대처럼 공정하지도 않고, 도덕적이지도 않고, 합리와는 무관하며, 팽창하려는 힘들의 비논리적인 투쟁으로 나타난다. 자신과 타인을 넘어서 힘의 영역을 최대한 늘려가려는 욕망이 생명의 특성이다.

텃밭에서 김매기를 해본 사람은 잡초들의 대단한 번식력에 놀란 경험이 있을 것이다. 아무리 솎아내도 남은 풀뿌리는 다음날 다시 온전한 형태로 나타나 비축되어 있던 힘을 드러내고야 만다. 생명은 한번 취한 힘을 이유 없이 방기하지 않는다. 그래서 니체는 생명이 드러나는 형태와 속성 중 어느 것이라도 포기하는 것은 생명의 위축과 타락으로 연결된다고 생각한다. 온화와 평화와 선의만이 생명의 특성일 수는 없다. 악과 무의미와 추함의 폭풍우 역시 생명에 속한다.

생명의 총체성을 사랑하고 긍정하는 일은 쉽지 않다. 이것이 총체적인 생명을 온전하게 바라보고 긍정하려는 니체의 철학과, 그 철학의 중요한 개념인 운명애(amor fati)와 '동일한 것의 영원회귀'를 이해하는 일을 어렵게 만든다. 단순히 현재 상태에서 체념하고 내 운명을 사랑하라는 것일까? 피타고라스의 대우주년처럼 때가 되면 경우의 수가 다해서 모든 것이 언젠가는 그대로 되풀이된다는 것인가?

자신과 세계의 현상에 대한 총체적인 이해를 꾀하고자 이와 관련된 개념을 만들어가는 철학이라는 행위는 개인과 민족의 생존에 꼭 필요한 일은 아니다. 그러나 니체는 철학함이 개인과 민족의 뿌리와 관련된 힘의 문제라고 생각한다. 인식의 환희를 만끽하는 지성의 힘은 단순한 생존의 필요를 넘어서는 것이기 때문이다.

한복 마고자에 다는 단추 중에는 호박으로 된 단추도 있다. 귀한 호박 안에 보면 개미나 다른 곤충의 형태가 온전히 담겨 있는 것도 있다. 과거 어느 순간에 생명이 만들었던 형태가 우연히 송진 안에 굳어서 호박이라는 보석이 된 것이다. 니체는 그런 호박을 보면서 모든 존재자가 총체적으로 결합되어 영원히 전해지는 '운동의 불멸성'을 떠올린다. 생명 안으로 한 번 들어온 것은 영원히 전해진다. 내 선조의 과거가 나를 만들었고, 내 행위가 내 자손에게 전해진다. 시간 속에 드러나는 영원의 조각!

영원회귀라는 생각을 받아들인다는 것, 그리고 자신의 운명을 사랑한다는 것은 지금의 이 순간과 이 결정에 영원의 낙인을 찍어 미래를 재단하는 일이다. 당연히 성취와 영광의 순간만이 돌아오는 것은 아니다. 인간의 결정적인 고양과 찬란한 깨달음의 순간 때문에 생명을 긍정한다는 것은 거기에 이를 때까지 겪어야만 했던 수많은 도로

(徒勞)와 좌절과 간난신고와 그것의 원인이 되었던 주변 환경 역시 생명을 구성하는 필연적인 것으로 함께 긍정한다는 것이다. 그래서 영원회귀 사상과 운명애는 넘치는 생명을 가진 자가 자신에게 허락하는 호사스러운 사치와 승리감에 도취된 감사의 표현일 수 있다.

인간은 필연적인 운명을 단순히 감당하는 것이 아니라 오히려 사랑할 수 있을 정도로 생명을 사랑할 수 있다. 우리가 어떠한 처지에 처해 있을지라도 우리는 이 생명에 대한 긍정을 통해서 상승하는 삶과 니체의 편에 설 수 있다.

"모든 생명은 처한 조건과 환경에 상관없이 본능적으로 삶을 붙든다. 이 사랑은 단순한 감정이 아니라 세상을 존속시키는 생명의 본성이다. 니체에게 생명은 그저 살아 있음이 아니라, 존재의 경이와 힘의 근원이다."

싸움의 포기는 위대한 삶의 포기다

생명은 좋은 것이라서, 사람들이 생명에 오래 붙어 있기를 원하는 것은 당연한 일이다. 하지만 단순한 연명만이 능사는 아니다. 건강하게 사는 것이 중요하다. 삶의 질이 저하된 상태에서라면 장수는 오히려 저주가 될 수 있다.

새벽의 여신 에오스가 사랑했던 트로이의 왕자 티토노스는 에오스의 간청으로 제우스로부터 영생을 얻게 된다. 그러나 에오스가 아름다운 젊음이 함께 영속되는 것을 부탁하지 못했기에 티토노스는 영원히 늙어가는 가련한 운명을 갖게 된다. 신화에서는 에오스가 노인 이상으로 늙어가는 그를 가두었다가 결국 매미로 만들었다고 전한다.

영원히 죽지 못하고 계속해서 늙어가는 사람을 상상해보라. 이럴 때의 영생은 더 이상 축복이 아니다. 영원의 전제가 젊음과 건강일 때만 불사는 매력적이다. 그래서인지 사람들은 늙는 것을 싫어한다. 이제 세계 시장에서도 경쟁력이 있는 우리나라 화장품들은 기미와 주름을 예방하거나 없애고 항상 20대 초반의 뽀송하고 탄력 있는 피부를 보장하는 기능성 화장품들이다. 기술의 발달을 바라보며 노화 방지를 위해서라면 엄청난 재원도 아깝지 않다고 생각하는 사람들이 늘어간다. 단순히 외형을 젊게 만드는 성형을 넘어서 태반주사나 줄기세포 주사를 맞으러 외국에 나가는 사람들도 있다. 하지만 진시황의 꿈이 좌절로 끝난 것처럼 젊음과 영생은 아직 인류에게 꿈으로만 남아 있다.

철학을 공부한 사람들은 살면서 한 가지 신기한 경험이 반복되곤 한다. 그것은 학자들이 자기가 전공한 철학자와 닮아가는 현상이다. 이것은 어찌 보면 당연한 일일지도 모른다. 자식이 부모의 외형뿐만 아니라 습관과 성격을 닮듯이, 그리고 오래 산 부부가 서로를 닮아가듯이 젊은 시절부터 흠모하며 그의 정신의 정수를 오래 연구한 철학자의 성격과 특성이 학자의 인생에 각인되는 것은 자연스러운 일이기 때문이다.

칸트 연구자들은 자신과 타인의 행동에 엄격한 경향이 있다. 쇼펜하우어 연구자들은 운명에 순응하고 세상을 두루 살펴 즐기는 관조자의 모습을 보인다. 헤겔 연구자들은 긴 호흡을 가지고 역사적 맥락에서 사고하기를 좋아한다. 논리학과 언어철학 전공자들은 주술 호응이 분명하고 거의 음소의 수준까지 이르는 기능분석이 가능한 문장을 선호한다.

그렇다면 니체 연구자들은 어떨까? 단순화의 위험을 무릅쓰고 말해보면 그들은 젊다. 독일 유학 시절, 내 스승들은 노인이 되어서도 호기심과 장난기로 반짝이는 시선을 내비치는 젊은 지성을 자랑하는 분들이었다. 베를린 첼렌도르프에 있는 자신의 집에서 열린 콜로키움에서 클레멘스 마우러 교수가 마르크스를 전공한 동료 교수를 향해서 던지던 애정과 조롱기가 함께 담긴 도발적 언사들이나, 박사 과정생들의 토론에서 논지가 틀어질 때 보이곤 했던 게르하르트 교수의 조용한 지적과 그의 입가를 맴돌던 비웃음은 내가 죽을 때까지 기억에 남을 것이다.

맥락을 놓친 상대에 대한 조롱과 비웃음 혹은 인식을 위한 집요함과 잔인함은 현재에 만족하지 못하고 투쟁하는 정신에게서 자주 보인다. 학생들을 지성의 향연과 인식의 모험으로 이끌기 위해서 유혹하는 일에 열심을 내는 것은 국내의 니체 연구자들에게서도 흔히 발견되는 일이다.

✹ 니체 철학에 젊음의 비결이 있다

니체 철학에는 아마도 젊음의 비결 같은 것이 있을지도 모른다. 약장사라면 이 일을 주제로 한동안 떠들며 청중을 모을 것이다. 결론부터 말하면, 니체 철학에는 분명히 젊음의 비결이 있다. 그는 병고에 시달렸지만 그가 출간한 책들에는 병의 흔적이 없다. 우리가 발견하는 것은 강장한 정신의 웅변과 투쟁과 승리뿐이다. 니체 철학이 가지는 젊음의 비밀은 니체가 생명의 중요한 특성인 투쟁을 실현하는 사람이고, 마지막까지 자신의 내면에서 진행되는 자신의 시대와의 싸움을 포기하지 않았다는 사실이다.

> 영혼이 긴장을 풀지 않고, 평화를 열망하지 않는다는 전제하에서만 사람들은 젊음을 유지할 수 있다. (『우상의 황혼』, 108쪽)

아하! 젊음을 유지하려면 평화 같은 것을 열망해서는 안 되고, 오히려 항상 영혼을 긴장 상태로 유지할 수 있어야 한다. 활어를 배송할 때는 수조에 메기를 한 마리 투입한다. 화장품 회사나 성형외과 의사들이 주의해야 할 사항이다. 환자의 영혼을 긴장시키고 싸움닭으로 만들 심리학적 전술 한두 개쯤은 장만해놓아야 하지 않을까?

하지만 항상 팽팽하게 긴장되어 있는 삶은 사람을 피곤하게 만든다. 그래서 사람들은 긴장과 이완을 반복하라고 권하고, 어떤 사안을 자신의 것이 아닌 것처럼 조금 거리를 두고 바라보라고 권하기도 한다. '어차피 다 지나갈 것들이니 너무 심각하게 생각하지 마!' '좋은 게 좋은 거지!' '이제 그만 휴식을 취해야 할 때야!' 우리는 일상에서 이런 권고들을 흔히 듣는다. 그런데 니체는 팽팽하다. 끝없이 자신과 주변의 상황들을 살피며 시대의 불합리함과 지혜롭지 못함을 지적하고, 그것을 개선하려 긴장된 목소리를 높이고 전투적인 에너지를 발산한다.

그래서 니체의 말을 듣고 있을 때는 힘이 나다가도 돌아서면 저런 삶이 과연 가능할지 의심이 들기도 한다. 언젠가 니체 학회의 청중으로 왔던 어떤 분에게 뒤풀이 자리에서 들은 말이다. "니체의 철학은 피곤하다!" 니체는 인간의 완전성과 생명의 강화와 고양을 꿈꾼다. 니체 철학은 위기를 딛고 성취되는 승리의 황금시간들을 향해 항상 부러지기 직전까지 당겨져 있는 팽팽한 활과 같은 인류의 영웅들을 기념한다. 항상 더 어렵고 먼 곳에 있는 것을 가리키는 철학이 니체의 철학이다. 니체 자신이 자신을 평가하듯이 그의 철학은 '부단한 자기극복(Selbstüberwindung)의 철학'이다.

'자기극복'이라는 말은 어쩌면 유교 문화권에서 살아온 한국인에게 익숙한 개념일지도 모른다. 극기복례(克己復禮)는 다들 아는 말이지 않은가. 자기를 극복하고 예로 돌아가라는 공자의 권고는 언뜻 니체 사상의 자기극복과 통할 수 있는 것처럼 보인다. 이 두 용어는 극복이라는 같은 단어를 쓰지만 니체가 말하는 부단한 자기극복은 이미 확립된 예로 돌아가기 위한 것이 아니다. 예는 도덕적 원칙이나 질서 규범을 지키는 것을 의미하는 단어다. 이미 있는 질서와 규칙을 옹호하고 이를 통해 사리에 맞는 합리적 행동을 보장하는 것이 예다. 그러나 니체의 생각은 기존 질서에 나를 맞추어 순응하는 것과는 거리가 멀다. 오히려 그의 철학은 기존 질서와 원칙이 의미 없게 된 순간에 그것을 타파하고 넘어가 생명의 힘과 가능성을 증진하려는 쪽에 맞춰져 있다.

게다가 니체의 생각은 욕망을 억제하는 철저한 자기관리와도 무관하다. 그는 오히려 욕망의 억제나 훼손이 인간을 왜소하게 만들고 인간의 가능성을 위축시킨다고 말한다. 삶의 가장 깊은 욕구들과 가장 높은 욕구들을 공공연하게 부정하는 신은 니체에게는 생명의 적대자일 뿐이다.

종교적 수행이 흔히 권하는 금욕을 니체는 생명에 반하는 행위라고 평가한다. 그에 따르면, 욕망의 거세와 멸절은 자신만의 척도를 세우기에는 의지가 너무 약하고 퇴락한 자들이 본능적으로 택하는 수단이다.

금욕의 신이 좋아하는 성자는 니체에게 이상적 거세자일 뿐이다. 무성한 나무가 잘 번성하기 위해서는 그 뿌리가 땅속 깊이 뻗어나가야 하듯이, 인간이라는 섬세한 동물이 건강하게 성장하기 위해서는 인간을 구성하는 모든 자연적인 힘과 성향이 그의 성장을 위해서 적재적소에 배치되어 제 기능을 다해야 한다는 것이 니체의 생각이다. 욕망을 누르거나 도려내는 것이 아니라 오히려 그 욕망을 자기 것으로 인정하고 전체적 생명에 도움이 되도록 방향을 부여하는 것이 더 슬기로운 일이다.

그래서 니체에게 영혼의 평화는 다 같은 것이 아니다. 그것은 피로의 시작이거나 저녁의 그림자, 의지와 욕구와 악습들의 노쇠일 수도 있고, 아니면 강력하게 충족된 열정이 불러온 일시적인 상태와 포만감 혹은 한 인간의 탁월함이 표현되는 의지의 자유로 해석될 수도 있다. 같은 평화라도 그것이 생명의 상승과 하강 중 어느 쪽의 징후인지에 따라 다르게 해석될 수 있는 것이다.

☀ 자기 안에서 시대를 극복하는 엄정함

그러면 니체는 어떤 자기를 극복한다는 걸까? 바그너가 죽은 지 한참 후에야 자신과 애증의 관계에 있었던 바그너에 관한 생각을 토로하는 『바그너의 경우』라는 책의 서문에서 니체는 자기극복에 대해서 의미심장한 대답을 하고 있다.

> 한 철학자가 자기 자신에게 가장 먼저 그리고 마지막에도 요구하는 바는 무엇인가? 자기가 사는 시대를 자기 안에서 극복하며 '시대를 초월하는' 것이다. 그렇다면 그가 가장 격렬한 싸움을 벌이는 대상은 무엇인가? 그를 그 시대의 아들이게끔 만드는 것이다. (『바그너의 경우』, 11-12쪽)

우리는 헤겔 이래로 한 시대를 그 근본에서부터 규정하는 개념을 '시대정신(Zeitgeist)'이라고 부른다. 그렇다면 니체가 극복하고 싶은 것은 바로 한 시대를 만드는 시대정신이다. 그것은 한 시대가 내세울 수 있는 최고의 경지를 의미하기도 한다. 그런데 니체는 무엇보다도 자기 안에서 이 시대정신을 극복하고자 하는 것이다.

곰곰이 생각해보면 이것은 자신이야말로 당대의 시대정신을 구현하는 최고의 인물이라는 선언이기도 하다. 내가 이 시대를 속속들이 알고 그 극점까지 가본 사람이며, 그래서 이 시대를 질적으로 대표하는 인물이라는 것이다. 그러니까 이 시대를 넘어서는 일은 나 자신을 넘어서는 일이다. 내가 나 자신을 이기고 나를 얽매는 지평을 넘어서 승리한다면, 이 시대는 새로운 시대정신을 가지게 될 것이다. 그래서 가장 격렬한 싸움은 바로 나를 이 시대의 아들로 만드는 것과의, 이 시대가 자랑하는 최고의 것과의 싸움이다. 그리고 내가 내 자신 안에서 시대정신과 벌이는 이 싸움의 승리를 통해 인류는 새로운 시대의 지평이 열리고 생명이 상승하는 것을 경험하게 될 것이다.

어찌 보면 오만하게 들릴 수도 있는 이러한 선언은, 가장 충실하게 한 시대를 이해하려고 애쓰고 그 시대를 사랑한 자만이 할 수 있는 것이다. 현대성은 무엇을 통해서 가장 내밀하고 노골적인 말을 전해 오는가? 그 통로가 바로 이 시대의 정점에 서 있는 나다. 나만큼 이 시대를 사랑하고 마음을 쓰고 이해하려고 애쓴 사람은 없다. 나를 통해서 시대정신이 말하는 선한 면과 악한 면, 이 모든 스펙트럼을 보아라. 그러면 이제 시대정신이 더 이상 이 시대를 사는 사람들에게 전망과 지평으로 작용하지 못한다는 것을 알게 될 것이다. 오히려 그것이 계속적인 성장에 걸림돌이 된다는 것을 알게 될 것이다. 이제 내가 나와 치르는 치열한 싸움을 통해서 새로운 전망과 지평이 열리고 삶의 의미가 새롭게 드러나게 될 것이다.

이런 꿈과 소망이 니체가 철학자의 요청이라는 명목하에 드러낸 자신의 시대에 대한 저항에 어려 있다. 그는 자신의 시대를 데카당의 시대, 퇴폐의 시대, 생명에 반하는 시대라고 진단한다. 그 대표자가 바로 바그너이고, 바그너만큼이나 뿌리 깊은 데카당이 바로 니체 자신이라고 고백한다. 그래서 자신을 넘어서는 일은 당대의 시대정신인 데카당을 극복하고 넘어서는 일이 된다.

니체는 자신의 시대에 저항하고 시대를 초월하기를 원하며 단련과 대항을 이야기한다. 무엇을 위한 단련이고, 어디에 대한 대항인가? 낡은 시대정신이 부정적으로 다가오는 이유는, 그것이 더 이상 생명의 성장과 인간의 고양을 위해 기능할 수 없을 만큼 낙후되고 쇠약해졌기 때문이다. 사람들이 부지런히 움직이는 것처럼 보이지만 실상은 모든 것이 쳇바퀴 돌듯이 제자리를 맴돈다. 더 나은 내일을 향한 희망이 보이지 않고 피로가 축적되며, 권태가 지배적인 정서가 된다.

열심히 사는 일이 왜 사람을 더 지치게 하는가? 부단한 노력이 왜 인간을 오히려 나락으로 밀어내는가? 니체의 말처럼 인간은 고통을 두려워하는 동물이 아니다. 의미가 있다면 인간은 고통을 견디고 기꺼이 감수하기도 한다. 내일에의 희망이란 지금보다 내 힘이 더 커지고 성장할 것이라는 믿음이 있을 때 생기는 법이다. 그러나 현대인 중 누구도 더 이상 피라미드를 지을 생각을 하는 사람은 없다.

정체되고 쇠락한 시대정신은 수많은 병증을 동반하기 마련이다. 이 병들에 대항하고 병을 이겨 다시 생명의 순환과 확장이 가능하게 되도록 자신을 단련해야 하는 것이다. 니체가 말하는 자기극복은 결국 낡은 시대정신의 압력 아래서 신음하는 자신을 치유해 다시 건강하게 세우는 일이다.

그것은 한 시대를 아래로 내려다보고 그 시대 안에 살면서도 이미 그것과 거리를 두고 냉철한 각성을 통해 그 한계를 적시하는 일과 자신의 전부를 걸고 감행하는 새로운 시도를 포함하는 일이기도 하다. 한 시대를 대표하고 그 시대의 최고점에서 현대성을 요약하는 자를 넘어선다는 것은 새로운 시대를 여는 일이고, 이제까지 불가능한 것처럼 보이던 일을 가능하게 만드는 일이다.

✺ 우리 시대가 싸워야 할 병증들

우리 시대는 무엇에 의해서 대표되는가? 현대를 진단하는 철학자들의 목소리가 이 시대를 부르는 이름은 실로 다양하다. 후기 자본주의 시대, 신자유주의 시대, 포스트모던 시대, 소비사회, 피로사회, 소진 사회, 위기 사회, 탈진실 시대 등등 이 시대의 정신을 드러내기 위해 현대 사상가들이 사용한 기호는 한없이 쌓여만 간다. 이 모든 이름은 각각 현대성의 한 면을 예리하게 짚어내는 개념들이다.

우리가 사는 세계는 자본과 금융이 국가의 경계를 무시하고 종횡무진 이윤을 추구하는 곳이고, 근대를 규정하던 모든 기준이 그 기반을 상실하고 해체되는 곳이며, 소비되는 물품의 이미지를 통해서 얄팍한 소통이 요동치는 곳이고, 자신을 갉아먹는 노동마저 스스로 구걸할 정도로 인간이 소외되어 피로가 만연한 곳이며, 위기가 통치의 조건으로 조장되어 일상이 되는 곳이고, 누구나 보고 싶은 것만 보고 믿고 싶은 것만 믿는 곳이기도 하다.

이 모든 개념들은 현대의 부정적이고 병적인 측면들을 지적하고 있다. 그리고 현대의 이 병적인 측면들은 자본, 산업, 무역, 노동, 정보, 통치 등의 영역에서 그 시작에 있어서는 인간에게 유용한 것으로 출발한 것들이 점차 인간과 분리되어 독자적인 운동을 시작하면서 부정적으로 변화되어 나타난 것이다. 그리고 이 병증들은 은연중에 현대인의 내부에 침윤해 그를 갉아먹는다.

나 자신은 이 시대의 최고 표본이라고 할 정도로 이 시대를 사랑하고 속속들이 경험했는가? 시대의 장점을 타고 나는 충분히 성장했는가? 아니면 나는 이제 시대의 한계 때문에 성장을 멈추고 권태에 시달리고 괴로워하는가?

한 시대의 극점에 도달할 정도로 성장한 인간만이 그 시대의 한계를 철저히 체감하는 법이다. 시대의 문제는 그 시대의 구성원 모두를 괴롭히지만, 그것을 한계로 적시하고 이것을 넘어서는 사람은 당대 최고의 인물이라는 말이다. 니체는 바그너의 음악이 몰락하는 문화 안에 있다고 생각한다. 그렇지만 바그너가 당대 최고의 음악가라는 사실은 변하지 않는다. 그래서 니체는 현대성의 한계를 극복하기 위해서는 우선 현대성을 요약하고 대표하는 바그너를 이해하며 바그너주의자가 되는 길 외에 다른 길은 없다고 생각한다.

극점에 도달한 이후에야 체감되는 한계와 극복 그리고 새로운 지평의 타개는 한 인간의 개인적인 성장에서도 같은 모습으로 나타난다. 예를 들어 니체는 평생을 플라톤주의 그리고 그가 대중을 위한 플라톤주의라고 불렀던 기독교와 싸운 철학자다. 그는 어떻게 이것들과 싸울 수 있었을까? 플라톤주의와 기독교가 무엇인지 모르면 싸움 자체가 불가능하다. 그렇다. 그는 우선 철저하게 플라톤주의자였고, 골수까지 기독교인일 수밖에 없었다. 플라톤과의 싸움은 소크라테스라는 기념비를 세우는 형식으로 이루어졌고, 차라투스트라는 예전의 형제들인 사제들의 잠을 방해하지 않고 검을 뽑지 않은 채 지나간다.

싸움을 통해 내가 성장할 정도로 당당한 적들은 외부와 내부 모든 곳에서 성장에 유용하다. 야당이 없는 국가가 건강할 수 있는가? 소크라테스의 논리주의를 거치지 않은 니체를 상상할 수 있는가? 성서의 모든 구절을 뼈에 새기지 않은 니체가 가능하겠는가? 적개심이 없는 정신이 성장할 수 있겠는가? 싸움을 회피하는 자가 한 방향으로 꾸준히 갈 수 있겠는가? 도전 없이 탈피가 가능하겠는가? 싸움의 포기는 위대한 삶의 포기다.

"니체 철학의 젊음의 비결은 영혼을 긴장시키는 싸움과 자기극복에 있다. 그는 시대정신과 욕망을 억누르는 도덕적 금욕을 넘어 생명의 힘을 고양시키려 했다. 싸움을 회피하지 않고 치열하게 맞서는 것이야말로 새로운 지평을 여는 위대한 삶의 조건이다."

필연을 짊어진 낙타가 되어라

프로메테우스 신화는 유명하다. 인간과 반신 프로메테우스, 제우스와 독수리 그리고 판도라가 나오는 이 근본적인 이야기는 어릴 적부터 우리에게 전승되었고 깊은 인상을 남겼다. 헤시오드로부터 시작된 프로메테우스 신화는 비극적인 것과 희극적인 것, 수많은 수수께끼와 교훈, 극단적인 항거와 잔인한 처벌의 이야기, 간교한 사기와 현명한 예방, 그리고 모든 것에 두루 스며 있는 지혜의 이야기들로 복잡하게 얽혀 있다. 게다가 이 신화는 끊임없이 그 구성 요소들을 재배치하면서 역사 속에서 다양한 버전으로 전승되며 재생산되어왔다.

이 생명력의 원인이 무엇일까? 그것은 아마도 프로메테우스 신화가 근본적으로 철학적 질문과 밀접한 연관을 가지기 때문일 것이다. 우리는 누구인가? 우리는 어디에서 와서 어디로 가는가? 우리의 존재는 누구 덕분인가? 우리 안에 들어 있는 힘과 우리가 자연에서 만나게 되는 힘, 그리고 생명 안에 들어 있어 우리를 돕는 힘은 대체 무엇인가? 인간 실존의 수수께끼를 둘러싼 이러한 질문들을 매번 새롭게 던지고 인간과 세계와 신이 무엇인지에 대해 답하려는 인류의 시도가 프로메테우스 신화의 문학적 변형과 철학적 해석 과정을 통해 계속되어온 것이다.

운명의 필연성과 자유를 대립시키는 프로메테우스의 이야기는 그를 비극적 영웅의 전형으로 각인시킨다. 그는 인간을 위해서 스스로를 희생하는 희생자이자 반항자의 원형이지만, 제우스에 반해서 인류를 도왔기에 궁극적으로는 인간을 향한 제우스의 노여움을 불러일으킨 해악자이기도 하다. 그는 인류의 진보가 제우스에 반하는 기술의 표식 안에서 쟁취되어야 한다고 주장하는 계몽주의자이며, 인간에게 창작하는 능력을 선물로 주는 발명가와 창작하는 자의 원형이기도 하다. 그는 미리 생각하는 자이며 계획하는 자이고, 더 높은 사회적이고 문화적인 발전을 견인하는 자다.

✺ 플라톤 버전의 프로메테우스 신화

이제 플라톤 버전으로 프로메테우스 신화를 고찰해보자. 플라톤도 자기 식으로 프로메테우스 신화를 각색한 적이 있다. 그의 대화편 『프로타고라스』는 덕이 교육될 수 있는 것인지를 다루는 책이다. 이 대화편에서 소크라테스의 대화 상대자로 등장하는 프로타고라스는 문화의 발전에 이바지하는 소피스트의 원형으로서 프로메테우스 신화를 소개한다. 플라톤의 창작에 해당하는 이 신화는 그 내용에 있어서 헤시오드나 아이스킬로스 그리고 이솝이 전하는 신화와 상당히 다르게 구성되어 있다.

프로타고라스의 프로메테우스 신화는 신들이 땅속에서 흙과 불, 그리고 흙과 불이 혼합된 것들을 섞어서 죽기 마련인 종족을 주조해 낸 천지창조 이야기로 시작된다. 그리고 신들은 프로메테우스와 그의 동생 에피메테우스에게 중요한 임무를 위임한다. 아직 생명이 부여되기 전인 미완의 동물들에게 각자에게 적합한 능력을 분배하는 임무였다. 이 능력들이 부여되면 이제 이들은 서로서로 구별될 것이고, 부단한 개입과 배제가 이뤄지는 상호게임을 통해 세부적으로는 역동적이면서도 전체로서는 안정된 생명의 자연적 연관 안에서 질서를 갖게 될 것이다.

하지만 이러한 위임을 받은 제작자 형제들이 이 임무를 수행하는 방식을 보면 여러 면에서 숙련과 비숙련, 천재성과 실패가 어우러진다. 에피메테우스는 형 프로메테우스를 설득해 어딘가로 가서 한참 있다가 자신의 일을 다 마무리하고 나면 다시 돌아와서 결과를 감상하게 만든다. 프로메테우스에게 주어진 능력들을 생각하면 이 대목은 참 이상하다. 그는 이 대목에서 능란한 연설가도 아니고, 소피스트들의 수호자도 아니며, 창조적인 작업이나 활동적 행위에 마음이 끌리지도 않는다.

어쨌건 에피메테우스는 혼자서 각각의 동물 종들에게 독특한 기능들을 부여하고, 이것들이 잘 조화를 이뤄서 거의 생태학적 체계의 연관 속에서 관계를 맺도록 만들어낸다. 하지만 그는 동시에 부주의한 측면을 보인다. 그가 분배할 수 있는 모든 기능들과 재능들을 다 써서 아주 세련된 자연계의 채비가 다 끝났다고 생각했는데, 아직 아무런 특성이나 기능이 장착되지 않은 종 하나가 남아 있다는 것이 드러난 것이다. 벌거벗고, 신발 역할을 할 것도 없고 침구 역할을 할 것도 못 갖춘 채 아무 무장도 없이 남은 '하자가 있는 미완의 존재', 인간이 거기 홀로 서 있다. 이 이야기는 이렇게 창세기에 공장장의 실수로 태어난 인간의 특별한 위치와 문화적 전개를 이해하는 인간학의 전형이 된다.

에피메테우스는 어쩔 줄을 모르고, 돌아와서 그 꼴을 보는 프로메테우스도 어쩔 줄을 모른다. 프로메테우스에게 신화가 부여한 '미리 생각하는 자'라는 이름에 비춰보면 이 대목도 이상하다. 그는 신화에서 통상 어려운 상황들에 대해 답을 준비해서 가지고 있는 사람이고, 최종적인 마무리까지를 생각하는 사람이다. 결국엔 답이 찾아져야 하고, 남아 있는 하자품인 인간도 자신에게 적합한 생명의 규정과 기능을 부여받아야만 한다.

인간이 빛을 보는 날은 운명에 의해 정해져 있고, 그러면 신들이 이 두 형제가 무슨 일을 했는지를 보게 될 수밖에 없다. 이 절망적인 당황과 그리고 어쩌면 벌을 받을 것이라는 두려움이 프로메테우스로 하여금 통상 다른 신화에서는 미리 예견하는 현명함이자 신에 대한 반항으로 이해되는 수단을 택하게 만든다. 그는 헤파이스토스와 아테네에게서 불과 기술적인 지능을 훔쳐서 인간에게 선물한다. 그리고 프로메테우스는 자신의 불법행위에 대한 벌로 코카서스의 절벽에 묶여서 독수리에게 매일 간을 뜯기게 된다.

불을 훔치는 행위는 역설적으로 프로메테우스의 힘의 한계를 암시한다. 인간의 본질을 완성하는 능력, 즉 국가적 공동체에서 평화롭게 살고 자연으로부터 보호를 받으며 살도록 인간을 가르치는 능력은 불과 기술적 지능 안에 들어 있지 않다. 중추덕들과 부끄러움을 느끼는 능력, 그리고 올바름에 대한 지식은 오히려 인간을 염려하는 제우스로부터 오는 덕이다.

✺ 거듭나야 인간의 나라에서 생존할 수 있다

프로타고라스의 프로메테우스 신화는 우리를 죽어야 할 존재들이 아직 없었을 때로부터 zoon politikon(쪼온 폴리티콘), 즉 정치적 존재인 합리적 인간이 만들어지는 발생 과정의 단계들에 대해서 숙고하게 만든다.

인간은 흙과 불이 섞인 재료로 만들어졌다는 사실을 다른 생물체들과의 공통점으로 가지고 있다. 인간 역시 다른 생물체들과 마찬가지로 자신들의 존재 근거를 신들의 작업에 빚지고 있는 것이다. 하지만 인간은 자연의 선물이라 할 수 있는 천부적인 능력을 갖추고 있지 않다. 에피메테우스의 경솔함으로 말미암아, 인간은 철저하게 '무'에서부터 출발해야 하는 존재가 된 것이다. 하지만 결과적으로 그의 경솔함으로 말미암아 인간은 자연계에 존재하는 다른 생명체들과 독특하게 구분되는 존재가 된다.

아직 이성을 장착하지도 않은 인간이라는 모델은 그 순순한 무장착성을 통해 한층 더 두드러진다. 인간의 이러한 무규정성, 모든 규정으로부터의 자유로움이야말로 플라톤이 이해하는 인간적 자기규정의 전제다. 신화에서는 이 자기규정의 자유가 신들로부터 주어지는 은총 혹은 선물이라고 표현된다. 여타의 동물들에게는 특정한 기능이 선물로 주어지는 것과 다르게, 인간의 경우에는 자신의 재능을 스스로에게서 원천적으로 유래하는 것으로 여길 수 있는 여지가 있는 것이다.

인간은 눈에 보이는 내세울 만한 어떤 선물도 받지 못했다는 사실, 즉 스스로 알아서 자발적으로 자신을 규정해야 할 운명에 처했다는 사실을 실존의 조건으로 인정해야 하는 유일한 동물이다. 그리고 동시에 인간은 자신에게 가능성으로만 주어진 것을 스스로 배워 익혀야 하는 존재이기도 하다.

에피메테우스가 나눠주는 자연적 선물들은 재능과 배움 사이의 연관에 대한 질문이 불필요한 영역에 속한 것들이다. 동물의 왕국에 있는 각각의 종들에게 나눠진 특별한 재능들은 슬기롭게 분배된 것이지만, 그러한 사실이 각각의 동물 종들을 슬기롭게 만들지는 못한다. 모든 까마귀는 건축술을 배우지 않고도 집을 짓는다. 그러나 그 집의 재료나 형태와 양식에 대해서, 집의 역할과 까마귀의 존재론적 연관에 대해서 까마귀는 성찰하지 않는다. 헤파이스토스의 불과 아테네의 지혜와 같이 프로메테우스가 신들에게서 훔쳐 인간에게 선물한 수공업적이고 예술적인 능력들은 교육 가능성이라는 기준과 연결된 재능들이다.

이런 측면에서 플라톤의 신화를 살피면, 무규정성이라는 인간의 조건이야말로 인간의 가장 독특한 특성이 된다. 니체의 말처럼 인간은 아직 확정되지 않은 동물이다. 즉 자발적인 자기규정을 통해 거듭나지 않고서는 인간의 나라에서 생존할 수 있는 자가 하나도 없는 것이다.

완결되지 않은 짐승은 무슨 일을 해야 살아남는가? 가장 유약한 인간은 완결되기 위해, 혹은 제대로 다시 태어나기 위해 우선 무엇을 해야만 하는가? 바로 적응이다. 그는 우선 살아남아야 한다. 그가 어떤 시공간에 놓였건 환경이 강요하는 바에 필사적으로 적응하는 것, 이것이 그의 지속적인 실존을 위해 처절히 요청되는 것이다. 어머니의 자궁을 떠난 우리는 모두 필사적인 적응의 단계를 거친 연후에야 자신의 독자적인 세계를 만드는 자유를 꿈꿀 수 있다.

✺ 모든 어린아이는 낙타에서 시작한다

차라투스트라가 10년 동안 산에서 수련한 후 다시 인간세계로 내려와서 했던 첫 연설 '세 가지 변신에 대하여'를 읽어본 사람들은 정신의 최종 경지로 제시되는 어린아이의 자유롭고 창조적인 상태를 긍정하고 동경한다. 어린아이는 순진무구하고, 새로운 시작이며, 스스로 구르는 바퀴다. 그러나 우리 모두가 어린아이의 몸을 입고 세상에 오더라도 어린아이로 상징되는 자유롭고 창조적이며 자발적인 경지가 처음부터 허락되는 법은 어디에도 없다. 젖을 달라고 소리 지르며 울고, 기저귀를 갈아달라고 악다구니를 쓰거나 혹은 체념해 지쳐 쓰러져 흐느끼거나, 아니면 혼자 두지 말고 안아 달라고 보채며 매 순간의 쾌적한 실존을 위해 노력하며 시작하는 것이 인생이다.

그리고 어느 누구도 진공 상태에서 시작할 수는 없다. 우리가 어느 시대, 어느 땅에 태어나건 인간 세상에는 이미 언어와 가치와 규범과 도덕과 법이 규정되어 있다. 그래서 일정 정도의 생존이 보장되고 어느 순간 규칙이 이해되면, 우리 모두는 원하건 원하지 않건 기존의 규범들을 습득하는 낙타가 된다. 제대로 습득하지 못한 자는 오래 고통 받을 것이다.

14세에 집을 떠나 기숙학교인 슐포르타에서 생활하기 직전에 쓴 자서전에서 어린 니체는 열 살부터 그때까지의 자신의 인생을 돌아본다.

어지러운 꿈처럼 지나간 유년의 날들을 세세히 기억하지는 못하나 니체는 자신의 지성과 감성이 하나님의 전능한 이끄심의 손길을 통해 점진적으로 형성되어간다고 느끼고 있다. 그는 하나님의 은총이 자신과 가족에게 영원히 지속되기를 소망하고 있다. 특히 음악을 알게 된 것에 대해서 그는 하나님께 무한한 감사를 토로한다. 고통스러운 일들이 있었음에도 그는 전반적으로 경외심을 가지고 모든 것을 원만하게 이끄시는 하나님의 거룩한 힘을 인정한다.

> 나는 하나님을 영원히 섬기는 일에 전념하기로 확실히 결심했다. 사랑하는 주께서 내 계획에 필요한 힘과 능력을 주시고 내 삶의 길에서 나를 보호하시기를. 그의 은총에 천진하게 나를 맡긴다. (『Frühe Schriften 1』, 31쪽)

어린 니체는 행복이건 불행이건, 가난이건 부(富)건, 그것이 무엇이든지 하나님이 허락하는 모든 것을 기쁘게 받기를 결심하고 있다. 그리고 사랑하는 주의 얼굴이 영원히 자신과 가족에게 비추이기를 기원하고 있다.

평생을 기독교를 넘어서는 새로운 도덕을 위해 싸우게 될 니체가 왜 이런 글을 쓰고 있는 걸까? 놀라지 말자. 그는 세상에 온 지 얼마 되지 않았고, 아직 유년의 시절을 지나는 중이다. 우연히 그의 아버지가 목사였고, 어머니가 목사의 딸이었기 때문이다. 그가 태어나서 자란 19세기 독일의 뢱켄과 나움부르크라는 마을이 기독교만을 가치 있는 종교로 알고 있었기 때문이다. 한 마디로 니체는 당시 처절하게 낙타를 연습중이었다.

무거운 짐들을 기꺼이 지는 낙타는 어떤 것을 짊어지고 싶어 하는가? 금욕으로 자신과 타인을 구별하고자 하는 갈망에 시달리고 어떤 종교나 사상의 가차 없는 윤리적 엄격함을 매력적으로 느끼는 청년들은 어느 시대를 막론하고 세계 도처에 존재한다. 하나의 종교나 사상에 매료되었을 때 청년이 영적인 순결을 지키기 위해 누구보다도 더 비타협적이고 교조적일 수 있다는 것은 놀라운 일이 아니다.

쟁기를 잡고 뒤를 돌아보는 자는 어떠한 이념의 나라에도 합당하지 않은 법이다. 학문적인 열망도 사랑만큼이나 청년을 취하게 만든다. 이 모든 일들이 낙타인 정신이 자신을 시험하기에 충분한 것들이다. 그가 어린아이의 일을 버리고 어른처럼 말하고 깨닫고 생각하게 되기까지 상당한 시험이 그를 기다리고 있는 것은 당연한 일이다.

"프로메테우스 신화는 인간이 무력함 속에서도 자기규정을 통해 거듭나야 함을 보여준다. 니체가 말한 낙타는 규범과 짐을 기꺼이 짊어지는 훈련의 단계다. 자유로운 창조성에 이르기 전, 인간은 반드시 이 과정을 거쳐야 한다."

이해력이야말로
모든 힘의 시작이다

일상을 살다 보면 가끔 이해가 잘 안 가는 상황을 마주하곤 한다. 상식 밖의 어이없는 상황이 발생하는 것이다. 그러면 시비를 따져서 그 상황을 고치고 싶어진다. 오랜 독일 생활을 마치고 귀국했을 때, 정차한 차의 시동을 켜놓고 공회전시키는 사람들을 이해하기 힘들었다. 그래도 나는 그런 사람들에게 독일 사람들처럼 창문을 두드리고 시동을 끄라고 항의를 하지는 못했다.

아내는 조금 달랐다. 아이가 등교할 때 학교까지 데려다주고 오다가 환경을 사랑하는 아내는 가끔 사람들의 주목을 끌었다. 시동을 꺼주는 사람은 의외로 적었고, 그녀는 가끔 쌍소리를 듣기도 했다.

가게에서 물건을 사고 계산을 할 때에는 국어에 대한 내 존중이 수줍음을 무릅쓰게 했다. "에너지바는 1,500원이시고 휴지는 500원이세요." "실례지만 물건들은 사람이 아니기 때문에 존대의 대상이 될 수 없습니다. 계산해주십시오." "네…, 모두 2,000원이십니다." "이미 말씀드렸다시피, 돈도 사물이므로 존대를 하시면 안 됩니다." 몇 차례 뚱하고 억울하다는 표현으로 가득한 눈초리를 받고는 더 이상 항의하지 않았다. 그렇게 사물 존대 현상은 일상에서 홈쇼핑으로, 심지어 뉴스와 토론프로그램으로까지 영역을 확장해갔다. 어쩌겠는가? 언어는 사람들이 많이 쓰게 되면 그것이 표준 규칙이 된다는데.

두 가지 예를 통해서 나는 왜 우리는 자신에게 이해가 되지 않는 상황이나 사안을 시정하고 싶어 하는지를 묻고 싶었다. 내가 사리를 분별해 아는 것에 대해서 타인도 나랑 똑같이 알아야 한다고 강요하는 것이 옳은가? 만일 그가 이해할 준비가 되어 있지 않다면? 혹은 그가 내 상세한 설명과 논증에도 불구하고 이치를 깨달아 알아채지 못한다면? 사정을 바꿔서 내가 타인을 이해할 수 없는 경우에, 나는 그를 이해하라는 강요를 정당하다고 생각할 것인가? 어차피 이해의 정도를 넘어서 파악할 수 있는 세계는 없는 것이 아닐까? 아니면 평화로운 세상을 위해 남의 사정을 잘 헤아려서 너그러이 받아들일 수는 없을까?

✸ 공통의 언어와 경험과 관례가 이해의 기초다

학문의 지속성과 불변성의 기초가 되는 것은 바로 올바른 이해다. 니체가 중세가 가지고 있지 못했던 방법이라고 탄식한 올바로 읽는 기술, 즉 한 책의 저자가 말하는 것을 단순하게 이해하는 엄밀한 문헌학적 해석이야말로 학문적 소통과 인간의 전반적인 진보를 가능하게 하는 것이다.

우리는 종종 "이해는 되는데 인정할 수는 없다"라는 소리를 가끔 듣는다. 이것은 아마도 이해와 인정 사이에는 시간적인 단절이 있다는 말일 것이다. 이해에는 보통 일정한 시간이 필요하고, 그것을 받아들이기까지는 더 많은 세월이 지나가기도 한다. 가장 손쉬운 이해는 일상에서 통용되는 공통의 언어와 경험에 기반을 두는 이해다. 그리고 공통의 언어와 경험은 한 민족의 역사를 통해 수고스럽게 습득된 것이다. 이것을 포기하고 독창적인 개념과 경험을 통해 구별되고 두드러지기를 원하는 일은 불가피하게 몰이해로 연결될 수 있다.

현대 예술이 독창성에 열광하는 사실에 직면해서, 니체는 그리스 예술가들이 청중에게 빨리 이해되기를 열망해 기댄 수단이 의외로 '관례(Konvention)'였다는 사실을 강조한다.

> 호메로스 글의 4분의 3은 관례다. 그리고 현대적인 독창성에의 열광으로 나아갈 이유가 없었던 모든 그리스 예술가의 경우도 마찬가지다. (…) 독창적인 것은 경탄을 받고, 때로는 숭배되기도 하지만 이해되는 일은 드물다: 관례를 완고하게 회피하는 것은 이해되기를 원하지 않는다는 것을 의미한다. (『인간적인 너무나 인간적인 II』 302-303쪽)

같은 맥락에서 니체는 고어나 희귀한 언어나 외래어를 선호하고 어휘를 풍부하게 늘리는 시도를 미숙하거나 부패한 취향의 징후로

본다. 그는 오히려 그리스 예술가들에게서 나타나는 고결한 빈약함과 자유분방한 대가적 웅변의 결합을 더 세련된 형식으로 평가한다. 일상적인 관례 속에서 대중보다 더 적게 가졌으나 그것을 더 잘 소유해, 다 써버린 것처럼 보이는 것을 자유자재로 쉽게 사용하는 대가들의 안목이 광범위한 이해를 조장하기 때문이다.

한편, 우리는 대부분 전통적 관습과 관례를 따르는 사회적 윤리나, 의학 기술 같은 것에 기댄 전문가의 권위에 굴복한 경험이 있다. 그리고 그렇게 권위와 관습 앞에서 자신의 가치관과 소신을 부정하고 나면 사람은 침울해진다. 의기소침의 원인은 관념의 실현을 통해 드러나는 내 힘의 실질적인 행사가 무엇인가에 의해서 저지당했다는 데 있을 것이다. 불치병 말기의 부모에게 연명치료를 받게 할 것인가? 아니면 사실을 밝히고 불필요한 고통을 감수할 것인지를 부모가 결정하게 할 것인가?

인생으로부터 받은 상처가 너무 깊거나 그 대가로 보상에 대한 열망이 너무 크면 타인을 이해하기 힘들다. 자신의 작은 이해관계를 넘어서 남의 처지가 되어보거나 많은 정황을 다 고려하고 사태의 실상을 보기가 어렵기 때문이다.

물론 우리는 이해가 가지 않는 상황에 직면했을 때 누군가를 이기거나 상처를 주기 위해서가 아니라, 단지 자신의 힘을 의식하기 위해 논쟁하기도 한다. 그래서 니체는 타인을 배려하고 기분을 상하지 않게 하려는 사려 깊음이 정의로운 기질이면서 동시에 두려움이 많다는 사실에 대한 징후일 수도 있다고 생각한다.

이해의 수준이 너무 큰 편차를 보일 경우 선택할 수 있는 또 다른 방법도 있다. 그것은 논쟁을 피하는 것이다. 진리라고 주장되는 어떤 것을 반박할 때 그것을 얼음 위에 정중히 올려놓는 방식으로 반박하는 니체에게서 우리는 독단을 대하는 그의 태도를 알아챈다. 그것은 상대가 이해하기를 바라는 것을 포기한 자세다. 그는 오류라고 생각하는 이상을 반박하지 않고 얼려 죽인다. 역사 안에서 어떤 유형의 인간이 그 '진리' 앞에서 반복적으로 무릎을 꿇는다는 사실이 그것의 실재성에 대한 증거가 되지는 못하는 것이다. 이미 우리는 믿음의 강도는 진실이 아니라 어떤 편협함의 증거일 수 있다는 것을 알고 있다. 단지 관념은 강인한 생명력을 특성으로 가지기 때문에 니체는 그것을 논박하지 말고 되풀이해서 얼음 위에 놓아야 한다고 주장한다.

✹ 이해할 수 없어지면 관점을 늘려라

그러나 니체는 이해가 부딪히고 논쟁이 필요할 때, 자신의 입장을 벗어나는 일이 논쟁의 전제 조건이 된다고도 말한다.

> 논쟁하는 데 필요한 것 - 자신의 사상을 얼음 위에 놓는 법을 이해하고 있지 않은 사람은 논쟁의 열기 속에 들어가서는 안 된다. (『인간적인 너무나 인간적인 I』, 292쪽)

타인이 나와는 완전히 다른 관점을 가질 수도 있다는 것을 인정하는 일이 타인을 이해하는 첫걸음이다. 예를 들어 고대 그리스의 여성미에 대한 이해가 현대와는 대조적으로 남성의 나체가 갖는 아름다움에 대한 열정에서부터 출발했었다는 것을 알아채는 것은 그들의 예술을 올바로 이해하는 전제가 된다. 익숙한 나의 관점을 내려놓고 타인의 새로운 관점을 채택해본다는 것이야말로 이해로 가는 첫걸음이다.

그러나 본능이 될 정도로 익숙해진 관점을 내려놓는 일은 쉬운 일이 아니다. 그렇게 할 수 있는 사람을 부르는 니체의 개념이 바로 자유정신이다. 타인의 관점을 내 것으로 가져와 시험해보고 이해하는 자유정신이 된다는 것은 익숙한 관점이 가지는 속박에서 벗어나는 힘을 가졌다는 의미다.

> 어떤 혈통과 환경, 신분과 지위 또는 지배적인 시대의 견해를 근거로 그에게서 예상할 수 있는 것과 다르게 사유하는 사람을 자유정신이라고 부른다. (『인간적인 너무나 인간적인 I』, 227쪽)

어떤 사태에 대해서 충분히 알지 못하면 그것을 이해하는 것 또한 불가능하다. 니체가 도덕 판단을 증후학적으로 가치 있는 것으로 판단하는 이유는, 도덕 판단이 자신에 대해서 충분히 알지 못해서 스스로를 이해하지 못하는 문화나 내면세계의 실상을 알려주기 때문이다. 이해를 위해서는 한 사태에 대한 지식을 최대한 수집하는 것이 좋다. 그 사태가 드러내는 가능한 모든 관점을 거쳐보는 것이 더 나은 이해를 꾀하는 길이다. 니체가 도덕에 대해서 말하는 것처럼, 어떤 사태로부터 무엇인가를 얻고자 한다면 우선 그것이 무엇에 관한 것인지 알아야 하는 것이다.

그래서 어떤 개념들은 니체에게 더 이상 문젯거리도 되지 못한다. 그에 따르면, 신, 영혼 불멸, 구원, 피안처럼 조야한 답변을 강요하며 생각하기를 금지하는 종교적 개념들이 여기 속한다. 호기심과 의문을 가지고 한 사태에 대한 지식을 궁구하는, 사유하는 사람들의 구미에 이런 개념들은 지적인 폭력의 증거일 뿐이다. 그래서 니체는 이런 개념들이 이미 자신에게는 어린 시절부터 관심의 대상이 아니었다고 고백하고 있다.

니체는 1882년에 출간한 『즐거운 학문』의 초판에 다음과 같은 에머슨의 문구를 제사(題詞)로 사용하고 있다.

> 시인과 현자에게는 만물이 친구이고 그에게 바쳐진 것이며, 모든 체험이 유익하고, 하루하루가 신성하며, 모든 인간이 신과 같은 존재다.

우리는 삶과 세계에 대한 긍정으로 가득 찬 이 문구를 제사로 선택한 니체에게서 그러한 시인과 현자가 되고자 하는 의지와 함께 헤라클레이토스의 영향을 확인할 수 있다. 세계의 변화와 생성이 영원한 로고스와 디케(정의)의 유희라고 이해하는 헤라클레이토스의 생각에서 어떠한 목적론이나 섭리도 찾을 수 없다. 그는 다만 '신에게는 모든 것이 좋은 것으로 나타나며, 오직 인간들에게만 많은 것이 나쁜 것으로 나타난다'고 생각한다. 그리고 이 차이는 이해력의 차이에서 온다. 인간에게 보이는 모순과 고통으로 가득한 모든 상태는 전체를 관조하는 신에게는 조화 안에서 상쇄되는 상태일 뿐이다. 그래서 변전하는 생성과 소멸은 도덕적인 함의가 전혀 없는 유희라고 표현되는 것이다.

니체 역시 문화가 고양될수록 농담과 조롱의 영역이 줄어든다는 사실을 지적한다. 우리가 마치 신의 관점에 허락되듯이 한 사태의 필연성을 이해하면 할수록, 한 사태는 더 이상 기이하게 보이지 않는다. 결국 농담과 조롱의 대상이 되지 않는 것이다.

> 누구든지 삶을 철저하게 이해하면 할수록, 점점 더 삶을 조소하지 않게 된다. 아마 결국 그는 '자기 이해의 철저함'에 대해서만 조소하게 될 것이다.
> (『인간적인 너무나 인간적인 I』, 242쪽)

교양이 높으면 모든 것이 흥미롭다. 모든 계절에는 그 자체로 장점과 매력이 있다. 신에게는 모든 것이 선하다. 그래서 니체는 모든 것을 긍정하는 것을 비도덕주의자의 명예라고 표현한다.

> 우리 다른 사람들, 우리 비도덕주의자들은 그와는 반대로 우리의 심장을 모든 종류의 이해와 파악과 시인(Gutheissen)에게 활짝 개방해놓고 있다. 우리는 쉽사리 부정하지 않으며, 긍정하는 자라는 점에서 우리의 명예를 찾는다. (『우상의 황혼』, 111쪽)

그렇다면 이해력이 높은 사람에게는 세상에 버릴 것이 아무것도 없다. 적재적소에 이용할 수 있다면 세상의 모든 것은 이로운 것이다. "모든 것에서 자신에게 유익한 것을 끄집어내는 것이 삶의 법칙"이라고 니체는 말한다(같은 책, 112쪽). 삶은 심지어 삶에 적대적인 것처럼 보이는 성향과 인간의 유형들에게서도 자신에게 유익한 것을 찾아낼 수 있다.

"이해는 단순한 지식이 아니라 타인의 관점으로 들어가보는 힘이다. 니체는 관습과 언어, 경험 속에서 이해의 토대를 찾을 수 있으며 자유정신이 이를 확장한다고 보았다. 이해력이 깊어질수록 삶은 조롱의 대상이 아니라 긍정의 장으로 드러난다."

신이 죽어도 생명은 계속된다

수업중에 학생들에게 중세를 떠올려보라는 요청을 한 적이 있다. 어떤 이미지가 떠오르는가? 여러 가지 답이 나왔다. 어두운 시절, 수도원, 철학이 신학의 시녀 역할을 했던 기간, 기사, 봉건제, 더러움, 페스트처럼 부정적인 이미지와 함께 고요, 정적, 편안함, 느림, 일상의 행복 같은 긍정적인 답도 있었다.

모든 것이 빠르게 돌아가는 현대와 비교할 때 중세의 시간은 느리게 흐른다. 수도원과 작은 마을의 평안함은 인간의 시야가 좁았던 것과도 관련이 있을 것이다. 마을이나 교구, 아무리 멀어도 나라 바깥으로 좀처럼 넘어가지 않는 사람들의 관심, 그리고 그 좁은 시야 안에서 살면서도 불안하거나 초조하지 않도록 모든 것을 조정하는 신이라는 구심점이 중세의 전반적인 분위기를 안정적으로 만들었으리라.

돌아보면 내 어린 시절은 중세와 흡사했다. 내 시선은 이제 막 마을을 떠나 학교까지 확장된 상태였고 독서와 학습을 통해 알아가던 세상의 모습은 아직 안개로 감싸인 관념적 직관에 가까웠다. 그렇게 내 어린 시절은 조용하고 느리고 평안했으며, 그래서인지 인생 첫 20년의 세월은 그 후의 20년보다 더 기억에 생생하다.

내가 기억하는 할아버지는 이미 현직에서 은퇴한 후의 일상을 지내고 계셨다. 할아버지는 은퇴 후 20년을 집에서 밥만 드셨다. 별거 아닌 것을 차려놓아도 다 정말 맛있다면서 드시곤 했다. 할아버지가 반복하는 "맛있구나, 참 별미다!"라는 말을 듣다 보면 엄마가 차려 놓은 시래기 무침이나 삶은 두부가 정말 맛있게 느껴지곤 했다.

할아버지가 돌아가신 지 이미 오래되었다. 그래도 우리 형제들은 여전히 할아버지가 진지를 드시던 그 집에 가끔 모여 핏줄이 주는 온기와 안정을 나눈다. 생각해보면 아무것도 하지 않고 거기 계시면서 자리를 보전한 할아버지 덕분에 가족 모두가 별 탈 없이 어려운 시절을 잘 넘어온 것 같다.

인간의 영혼은 지상에서 경험하는 모든 분산에도 불구하고 정신을 집중해서 자신에게 꼭 필요하고 중요하다고 생각하는 한 존재에 집중하는 힘을 가지고 있다. 우리가 흔히 '존재의 내적인 차원'이라고 부르는 것의 근거가 이 영혼의 힘에 있다. 우리 집안에서는 그 필요한 존재가 할아버지였고, 중세에는 그것이 신이었다.

우리가 신을 흔히 할아버지로 표상하는 것은 우연이 아닐 것이다. 아쉽게도 우리 형제의 자식들이나 손자들이 할아버지를 기억하고 그분을 중심으로 인생을 고찰할 일은 거의 없을 것으로 보인다. 속도의 시대를 사는 현대인들도 더 이상 신을 중심으로 느리고 평안한 안정을 취하지 못한다. 그리고 우리는 이러한 사태를 별로 유감스럽게 생각하지 않는 것처럼 보인다.

✹ 신이 죽은 것은 슬프고 두려운 일이다

중심을 잃고도 슬퍼하거나 흔들리지 않는 것은 두 가지 중 하나를 의미한다. 중심이라고 생각했던 것이 실상은 그렇지 않거나, 아니면 중심의 상실과 공허를 느끼고 그 의미를 생각하지 못할 정도로 감수성과 이성이 무뎌졌을 것이다.

니체는 신의 죽음을 선포한 철학자로 알려져 있다. 그러나 그가 신의 죽음을 선포하도록 내세운 광인은 신의 죽음을 애도하고, 어떤 결정적인 소멸로 인해 발생한 목하의 상황을 암울하게 그리며 미래를 염려하고 있다.

> 지구를 태양으로부터 풀어놓았을 때 우리는 무슨 일을 한 것일까? 이제 지구는 어디를 향해 가고 있는 것일까? 우리는 지금 어디를 향해 가고 있는 것일까? 모든 태양으로부터 떨어져나온 지금? 우리는 끊임없이 추락하고 있는 것이 아닐까? 뒤로 옆으로 앞으로 모든 방향으로 추락하고 있는 것이 아닐까? 아직도 위와 아래가 있는 것일까? 무한한 허무를 통과하고 있는 것처럼 헤매고 있는 것이 아닐까? 허공이 우리에게 한숨을 내쉬고 있는 것이 아닐까? 한파가 몰아닥치고 있는 것이 아닐까? 밤과 밤이 연이어서 다가오고 있는 것이 아닐까? (『즐거운 학문』, 200쪽)

무엇이 결정적으로 소멸한 것일까? 안정적인 중세의 구심점이 그것이다. 인간 행위의 최종목적이자 모든 존재와 인식의 근원인 신이 없어진 것이다. 니체의 광인은 언제 그런 일이 발생했는지를 특칭하지 않고, 그것을 이미 발생한 사건으로 다루며 신의 살해범을 찾고 있다. 신은 이미 우리가 구체적으로 확정하지 못하는 과거에 나와 당신에 의해서 살해되었다. 정신사적으로 그것은 승리로 해석되기도 한다. 그러나 그 승리는 씁쓸한 뒷맛과 공허를 동반한다. 왜 공허가 현대를 지배하는가? 신이 죽고 나서 가치의 영역에 의미의 진공상태가 발생했기 때문이다.

어떤 기준도 더 이상 가치의 준거로 기능하지 못한다. 진리는 가상이거나 상대적으로 되었고 불변하는 것은 하나도 없다. 전통, 도덕, 권위, 형이상학은 모두 근거 없는 것으로 판명이 났다. 저 신이 죽었다! 중심이 없어져 춥고 어둡고 불안해진 세계에서 광인이 두려움을 드러내는 것은 당연한 일이다.

지옥은 어디서 시작되는가? 불덩이나 고문, 쇠스랑이 지옥을 만드는 것이 아니다. 이성이 어떤 기능도 하지 못하고 어떠한 가능성도 보지 못하는 상황이 바로 지옥이다. 정신에 대한 절대적인 회의와 실제적인 방임이야말로 이성이 마비되었다는 증거다. 1차 세계대전의 시작에 세계인을 사로잡았던 설레는 분위기와 마음을 전율케 하는 전쟁에 대한 열광은 섬뜩하게 낯선 것을 경험하고 큰 위험에 몸을 맡기기를 원할 정도로 권태와 정위상실과 불안에 시달렸던 허무주의의 필연적인 귀결처럼 보인다.

실제로 니체는 신의 죽음 후에 필연적으로 도래할 허무주의의 역사를 예견하면서 대혼란으로 치달아가는 동요와 난폭한 허둥댐을 "종말로 가기를 원하며, 더 이상 숙고하지 않고, 숙고하기를 무서워하는 폭풍"에 비유하고 있다(전집 20권, 518쪽). 어떤 탈출구도 없는 끔찍한 공허와 이를 채우려는 불안한 열망이 시대 전체의 지배적인 분위기가 되는 이유는 '신의 죽음'이라는 사건이 길고 엄청난 일련의 붕괴와 파괴와 몰락과 전복을 가치의 세계에 가져오기 때문이다. 니체가 모든 것이라고 표현하는 유럽 도덕 전체가 신을 의지하고 자라났던 것이기에 신의 죽음은 모든 것의 붕괴를 초래한다.

✹ 신의 죽음으로 모든 문이 닫히지는 않는다

그러나 가치의 붕괴라는 이 전율할 만한 사태를 예견하면서 니체는 이것이 한 지점만을 너무 오래 습관적으로 바라보아서 발생한 착시일 뿐이라고 선언한다. 너무 오랫동안 힘이 쓸모없이 허비되었다는 자각이 모든 새로운 시도에 대한 의지를 꺾어버렸다는 것이다.

그에 따르면, 플라톤의 태양과 기독교의 신이 그리는 겹치는 궤적에 의지해 행해진 세계 해석이 불가능한 것으로 밝혀지자, 이로 인해 나타난 허탈감이 세계 해석 자체가 불가능하다는 의심을 불러일으킨 것이 허무주의다.

하나의 해석이 몰락한다. 그러나 그것이 유일한 해석으로 여겨졌기 때문에, 마치 실존에 아무런 의미가 없는 것처럼, 마치 모든 것이 헛된 것처럼 보인다. (전집 19권, 265쪽)

그러나 실상은 그렇지 않다. 신의 죽음은 단지 하나의 해석과 그 해석이 그려낸 하나의 세계의 몰락일 뿐이다. 한 가지 해석의 무용성이 해석이라는 행위 전체의 무용성을 뜻하는 것은 아니다. 그렇다면 신의 죽음이라는 사건은 지치고 노쇠한 인간과 생명력이 넘치는 인간을 가르는 시금석으로 기능한다. 인간의 파멸과 위대성의 발현이 동일한 사건으로부터 갈라져 나온다. 이제까지 엄청난 힘이 낭비된 해석이 주장해온 계획, 구속, 섭리 같은 것은 더 이상 존재하지 않는다. 오직 필연적인 자연의 법칙과 상황이 만들어내는 우연만이 있을 뿐이다. 이러한 정황에서 생명 안의 우리를 지속시키는 것은 우리 자신밖에 없다.

니체는 자신이 수많은 건강의 상태들을 통과하는 과정에서 그것에 상응하는 수많은 철학을 뚫고 지나왔노라고 고백하고 있다. 그 안에는 플라톤주의도 있었을 것이고, 그것의 천민 버전이라고 니체가 불렀던 기독교 사상도 있었을 것이며, 신의 죽음과 그것에서 비롯되는 허무주의도 있었을 것이고, 강함의 허무주의를 통해서 그것을 넘어섰던 니체 자신의 철학도 있었을 것이다. 그러나 이 모든 변형의 기술로서의 철학, 즉 몸의 상태를 최상의 정신적인 형식과 원거리로 바꾸는 모든 철학에서 한 가지 확실했던 것은 니체가 그동안 통과해온 각각의 철학이 매번 그가 동원할 수 있는 최대한의 생명력을 요구했다는 것이다.

> 우리는 항상 산고를 겪으며 우리의 사상을 탄생시킬 수밖에 없으며 어머니로서 피, 심장, 불, 기쁨, 정열, 고통, 양심, 운명, 숙명 등 우리가 지닌 모든 것을 그 사상에 주어야만 한다. 삶 - 이것이 우리의 모든 것이고, 우리가 빛과 불꽃으로 변화시키는 모든 것이며, 또한 우리와 만나는 모든 것이다. 그밖에 다른 도리가 없다. (『즐거운 학문』, 28쪽)

✹ 자신의 힘과 건강에 대한 신뢰면 충분하다

자신이 가진 모든 생산력과 힘에 대해 세밀하게 통찰하고 인식을 집중해 새로운 사상과 가치를, 새로운 이상과 자신만의 모범을 설계하고 실현해온 일이 니체가 생명의 흐름에 몸을 맡기고 평생을 춰온 인식의 춤이다. 그의 인식과 철학에는 "인간의 모든 고양은 편협한 해석들의 극복을 수반하고, 성취된 모든 강화와 권력 확대는 새로운 관점들을 열어놓는다"는(전집 19권, 141쪽) 해석학적 직관이 흐른다. 신이 죽어도 삶에 대한 사랑은 계속될 수 있는 것이다. 니체의 말처럼 다만 사랑의 방식이 바뀌는 것일 뿐이다.

모든 가능성과 능력이 항상 새롭게 창조될 필요는 없다. 그중 어떤 것들은 회복하기만 해도 된다. 자신의 힘과 건강에 대한 신뢰만으로도 인간은 불가능하다고 믿었던 지평을 열 수 있다. 할아버지와 신이 전부였던 지평은 이제 없다. 그러나 그들에게 집중되던 우리의 지성, 최선의 안정과 더 큰 모험을 선택해갔던 판단력, 거기 동원되던 생명의 본질적인 본능들은 그대로 다 남아 있다. 너무 큰 권위가 가려서 잘 볼 수 없었던 지성의 능력은 항상 거기 있어서 새로운 불을 지피기 위해 안정 속에서 힘을 키웠고, 이제 세상을 새롭게 경험할 준비를 하고 있다. 생명에 본질적인 조형력, 즉 꼴을 만들고 환경을 조성하고 의미의 지평을 넓히는 능력은 우리가 그것을 믿고 사용하기 시작하면 다시 넘쳐흐른다.

죽은 신이 우리로부터 가져간 것, 아니 우리가 그와 함께 잃어버린 것은 시선이다. 새로운 지평을 바라보고 평가하고 의미를 부여하는 시선이다. 그러나 우리가 스스로의 지성의 힘과 판단력을 사용하고 그것을 깨닫는 순간, 사라졌던 시선과 함께 세계는 이전보다 더 충만하게 되살아난다.

성찰하는 자와 그렇지 않은 자의 일상 모습은 큰 차이가 없을지도 모른다. 그러나 인생의 의미를 스스로 가꾸는 자의 삶의 농도는 상대적으로 짙고 깊다. 분노건, 우울이건, 증오건, 감사건, 희열이건, 슬픔이건, 기쁨과 황홀, 아픔과 사랑이건, 그는 마치 도취된 자의 정서와 몸이 순간에 집중하듯이 모든 것을 오롯이 자신의 것으로 경험하는 것이다. 이것이 별것 아니라고 생각하는가? 그렇다면 성찰하는 삶은 당신의 것이 아니다. 그래도 세상과 생명은 흘러간다.

광인이 신의 죽음을 선포했던 시장에는 그 끔찍한 사건을 전해 들으며 광인을 조롱했던 군중들이 있었다. 그들에게 신의 죽음은 자신들과 무관한 에피소드일 뿐이다. 자신과 무관한 일에 대해서 입장을 밝히고 결정을 내리거나 새로운 행보를 결단하는 사람은 없다. 그렇게 정신은 모든 것을 방임하고, 인간은 생명의 흐름에 적극적으로 참여하지 않는다. 그래도 세상과 생명은 흘러간다. 그들과 상관없이 흘러간다. 우리가 시선을 둘 곳은 곳곳에 있다.

"니체가 선포한 신의 죽음은 세계의 중심을 잃은 허무주의를 드러낸다. 그러나 그것은 단지 하나의 해석의 몰락일 뿐, 생명 자체의 종말은 아니다. 신이 죽어도 인간은 자기 힘과 시선을 통해 새로운 의미와 지평을 열 수 있다."

Nietzsche

4장

세상을 향해 열린 사람이 되어라

아무리 완전한 자라도 혼자서는 살 수 없고, 아무리 고독한 자라도 누군가와 소통하지 않을 수 없다. 인간은 자신과 반응하는 타인을 필요로 하는 존재다. 우리는 혼자 있을 때조차도 고독 속에서 또 다른 자아나 신과 대화하며, 관계 속에서 스스로를 발견한다.

생명은 그렇게 개인을 넘어 세상으로 길을 터나가고 세력권을 넓혀간다. 인류의 문명과 문화 대부분은 타인과의 소통을 목적으로 형성되었다. 길과 탈것, 문자와 인쇄술, 책과 그림, 음악과 춤은 모두 세상을 향한 창과 통로다. 이 창과 길을 닫아버리고도 행복하게 살 수 있는 사람은 없다.

우정과 사랑, 가정과 일터, 경제활동과 정치 역시 소통하고 확장하려는 생명의 힘이 발현된 결과다. 살아 있는 존재는 생명의 흐름 속에서 자신을 열고, 그 열림을 통해 세계와 만난다. 이 거침없는 열림이 자유로 경험되고, 이를 통한 긍정적인 만남은 곧 성취와 힘의 확장, 세계에 대한 긍정으로 이어진다.

니체는 평생을 문자와 예술 속에서 살아간 문화인이자, 시대의 비평가였다. 그는 철학을 문화에 대한 치유 행위로 이해했고, 자신을 세상에 열어젖히는 다양한 방법을 실천했다. 산책과 여행, 음악과 예술, 독서와 글쓰기, 그리고 우정에 남겨진 그의 흔적은 '열린 인간'으로 살아간 니체 철학의 단면을 보여준다.

니체의 산책은
치유와 기다림을 닮았다

　세상에는 걷기를 예찬하는 사람들이 의외로 많다. 이유는 다양하다. 속도가 지배하는 세상에서 느리게 세상을 관망하기를 바라는 사람도 있다. 평소에 스쳐 지나가기만 하던 것들이 눈에 들어오면 또 다른 세상의 관찰이 가능해진다. 운동이 목적인 사람도 있을 것이다. 강도가 센 운동은 자칫 관절이나 근육 혹은 다른 기관에 무리를 줄 수 있다.

　하지만 규칙적으로 가볍게 몸을 움직여 유산소 운동을 하면 심폐 기능이 늘고 기초대사량이 증가해 부작용 없이 건강해진다. 또 어떤 사람은 일상의 질서에서 탈출하는 창구로 걷기를 이용하기도 한다. 그들은 아무 목적 없이 숲이건 들이건 도시건 어슬렁대며 시간을 방기하고 자신을 잊는다.

　이때 자신을 잊는다는 것은 정신줄을 놓는다는 것과는 다른 일이다. 그것은 오히려 나를 판단하지 않는 자연에 나를 풀어서 잠시 이해가 걸려 있는 세상의 시선에서 벗어나 쉬는 일이다.

산책에 무슨 극적인 이유가 꼭 있어야 하는 것은 아니다. 그러나 자연에 새롭게 열광한 계몽주의 시대 이래로 수많은 교양인이 걸어서 세상을 탐방한다. 그들의 시선이 걸으면서 만난 사회적 정황들에 쏠리건, 자연적 풍광에 쏠리건, 사람들은 오늘까지도 걷기를 멈추지 않는다.

근대의 대단한 걷기의 기록은 1802년에 독일 라이프치히에서 출발해 시칠리아 섬의 시라쿠사까지 갔다가 파리를 거쳐 다시 라이프치히로 돌아온 독일 철학자, 요한 고트프리트 조이메(Johann Gottfried Seume)가 남겼다. 장장 9개월의 여정이다. "걷는 사람은 통상, 마차를 타는 사람보다 인간학적으로나 우주적으로나 많이 본다"고 조이메는 주장한다. 마차보다 더 빠른 탈것에 익숙한 현대인들에게는 잘 와닿지 않는 말일지도 모른다. 현대인들은 마차를 타는 것만으로도 그가 겪었던 시선의 변화를 느낄 수 있다.

어쨌건 실천 이성은 우리 개개인에게 우리가 본 것들을 개관하는 능력을 요구한다. 지구상에서 벌어지는 사건들을 일상보다 높은 관점에서 파악하는 일에 산책은 유용하다. 의도했건 아니건 예술가와 사상가들은 물론이고 상당히 많은 사람이 산책을 하면서 생각을 다듬는다.

✺ 산책은 인류가 지켜온 중요한 문화적 현상이다

걷기나 산책을 주제로 가지고 있는 책들이 있다. 파트리크 쥐스킨트(Patrick Süskind)의 『좀머 씨 이야기』에서 좀머 씨는 무슨 이유에서인지 마냥 걷는다. 그리고 좀머 씨가 걷는다는 문장이 계속되는 와중에 우리는 현대사와 인간의 실존에 대해서 생각한다. 루소의 『고독한 산책자의 몽상』처럼 문명의 쓰레기와 허위를 피한 산책의 결과로 생겨난 책들도 있다. 산책이 없으면 죽을 것 같다던 스위스의 작가 로베르트 발저(Robert Walser)는 수미일관하게 산책중에 죽었다. 번역을 통해 그를 독일어권 밖으로 소개하는 데 일조했던 발터 벤야민(Walter Benjamin)은 베를린과 파리 등의 도시를 산책하는 도시 산책자였다. 그는 목적 없이 쏘다니며 자신을 스쳐 지나는 것들 안에서 현대 세계를 고찰하는 사고의 파편들을 모았고, 운동이 정적일 수도 있다는 사실을 드러냈다.

생각해보니 내 독일 친구들은 나이 불문하고 참 잘들 걷는다. 산이라고는 눈 씻고 봐도 없는 베를린에서 그들은 숲을 찾아가 정기적으로 걷는다. 먼 숲까지 갈 수 없으면 낮이건 밤이건 동네를 한참 걸어서 공원까지 가 꽤 큰 공원을 몇 바퀴 돈다. 지난 연구년에 베를린에서 지내면서 나도 얼떨결에 규칙적으로 많이 걸었다.

산책은 가난한 자에게도 가능한 소일거리다. 딱히 장비가 없어도 편안한 신발 한 켤레에 윈드브레이커만 있어도 웬만한 길은 걸을 수 있다. 혼자 걸으면 혼자인 대로, 여럿이 걸으면 여럿인 대로 생각할 거리나 할 얘기는 참 퍽도 많았다. 나무나 새 얘기, 호수의 물을 신선하게 유지하는 방법, 친환경 기술, 친구들 근황, 책 얘기, 아이들 얘기, 돌아가신 선생님들 얘기, 은퇴 후의 나날들에 대한 상상….

걷는다는 것, 산책과 도보여행은 빠른 공간이동 수단들의 발명에도 불구하고 인류가 지켜온 중요한 문화적 현상이다. 걷고 생각하고 쓰는 행위들의 긴밀한 연관은 동서고금을 통해 전달되는 전통이다. 20세기 후반에는 산책학(Promenadologie)이라는 학문이 생겼을 정도로 우리는 산책을 중시한다.

✹ 몸의 철학자 니체는 평생을 걷는다

니체는 몸(Leib)의 철학자다. 그는 영혼이 깃든 몸 전체를 돌보는 일에 열심이었고, 이성만을 중시하고 몸을 경시해온 철학의 전통에 전력을 다해 저항했다. 그는 많이 돌아다녔고, 여러 이유에서 일부러 돌아다녔다. 얼마나 걸어다녔을까?

1867년 8월 10일, 라이프치히대학교를 떠나기 직전 22세의 니체는 평생지기가 될 에르빈 로데(Erwin Rohde)와 바이에른 숲 캄(Cham)에 도착해 '도적의 숲(Räuberwald)'을 등반했다. 1864년 6월 8일에 독일 최초의 산악회(Schwarzwaldverein)가 생겨났고 점차 등반로, 이정표, 등반 지도, 대피소 등이 만들어져 도보여행과 등반이 조직적으로 행해지며 유행이 된다. 2차 산업혁명과 기차의 발명을 통해 전해진

빠른 속도와 기술 진보에 대한 두려움과 반작용이 사람들을 자연으로 불러냈다.

이러한 영향도 있었을까? 니체는 도적의 숲 등반 직전에 가족들에게 쓴 편지에서 라이프치히에서 2년을 수학한 이후 급작스럽게 숲과 산을 향한 욕망이 강해졌다고 고백했다. 도보여행에서 받은 인상을 자세히 서술한 로데와 달리 니체는 짧은 메모를 남겼다: "그것은 바이에른 숲에서 시작되었다…." 무엇이 시작되었을까? 그들이 걸었던 해발 596미터 높이의 5.1km 구간은 현재는 '니체 등반로(Friedrich-Nietzsche-Wanderweg)'라고 불린다.

니체는 그날 8월 10일의 등반 이래 한평생 열정적인 도보 여행자였다. 그는 자신이 가장 창조적일 때, 몸이 도취했기 때문에 근육도 가장 민첩하게 움직인다고 말한다. 그는 『차라투스트라는 이렇게 말했다』를 쓰던 당시를 그러한 예로 들고 있는데, 당시 약 40세의 니체는 "조금도 지치지 않고서 족히 일고여덟 시간은 산을 돌아다닐 수 있었다."

그러나 니체의 도보여행은 괴테나 훔볼트의 여행과는 다르다. 괴테나 훔볼트는 로마를 산책할 때 목적 없이 쏘다니지 않는다. 그들에게 도보여행은 책을 통해서 알던 것을 직접 눈으로 확인하고 교양을 쌓는 수학여행에 가깝다. 반면에 니체의 긴 산책과 도보여행은 알던 것을 확인하거나 새로운 장관을 보려는 욕망보다는 치유와 기다림을 닮았다.

이미 아우구스티누스는 자연이 제공하는 장엄한 광경을 본질적인 것으로 간주하지 말라고 경고한 바 있다. 장엄한 자연은 인간을 자유롭게도 하지만 동시에 매혹하고 마비시킨다. 페트라르카(Francesco Petrarca)는 동생과 함께 한 프랑스 프로방스 지역의 방투산(Mont Ventoux, 바람의 산) 등반기에서, 폐부를 찌르는 낯선 고산의 공기에 휩싸여 완전히 자유로운 시야를 가지고 정상에 섰을 때, 자신이 마치 마취된 사람 같았다고 쓰고 있다.

니체에게는 '질스마리아(Sils-Maria)의 은둔자'라는 별명이 있다. 질스마리아는 스위스 그라우뷘덴주의 장엄한 오버 엥가딘 산악지대에 있는 작고 그림 같은 마을이다. 니체는 방투산과 비슷하게 해발 1,800미터에 위치한 질스마리아를 "지상에서 가장 사랑스러운 벽지의 은신처"라고 불렀고, 자신에게 주어진 분에 넘치는 횡재이자 예기치 않은 선물로 여겼다. 고산지대의 강하고 청명한 산 공기와 푸른 하늘과 구름, 높은 산과 맑은 질바플라나 호수, 호수를 둘러싼 초원과 그곳에 촘촘히 박힌 야생 꽃 군집들, 한적한 산길과 고즈넉한 주를레이 마을, 이곳이 바로 차라투스트라가 태어난, 해발 6,000피트, 모든 인간사보다 높은 곳이다. 니체는 이곳에서 1881년부터 1888년까지 일곱 번의 여름을 아프지 않은 날에는 산책하며 지냈다. 우리가 『차라투스트라는 이렇게 말했다』에서 수없이 많은 산과 골짜기와 숲을 만나게 되는 것은 우연이 아니다.

산과 초원과 골짜기와 호숫가를 쏘다니며 그는 무슨 생각을 했을까? 그의 산책이 괴테와 훔볼트의 산책과는 다르다는 것은 이미 말했다. 니체는 우선 살아 있다는 것을, 아직도 살 수 있다는 것을 즐긴다.

처음 이곳에 도착하기 전, 니체는 3일간을 발작에 시달리며 죽도록 아팠다. 여름의 질스마리아는 니체가 지병을 견딜 만한 고요하고 쾌적한 환경을 제공했고 니체는 그것을 감사한 마음으로 즐겼다. 그는 친구에게 자신의 가련한 삶의 50가지 조건들이 여기서 다 충족되었노라고 쓴다.

그다음은? 새 사냥이 시작된다. 무작정 걷다 보면 어떤 상념들이 떠오르기 마련이다. 기대하지 않았는데 날아오거나 마주치는 새와 같은 그 상념들을 기록하기 위해 니체는 종이와 연필을 항상 가지고 다녔다.

✺ 새 사냥꾼 니체의 탄식

인간에게는 자기 생존의 조건을 필연으로 만들어 긍정하는 성향이 있다. 니체에게 좋은 환경에서 하는 산책이 생존의 길이라면, 그는 산책을 하면서 자신의 움직임과 생명을 긍정한다. 그리고 오로지 산책 과정에서 얻어걸리는 것들만을 중요한 것으로 평가한다. 니체는 걸으면서 사유하지 않은 모든 사상을, 예를 들어 책상 앞에서 체계적인 사고를 통해 쥐어짜서 얻은 사상을 의심의 눈으로 쳐다본다. 그도 괴테처럼 그것은 다 회색이고 거짓은 아니더라도 찌꺼기이며, 오로지 생명의 나무만이 푸르다고 외친다. 불현듯 찾아온 새들을 포획할 때, 온몸이 느끼는 순간의 희열과 정서가 진짜다.

가능한 한 앉아 있지 말라; 야외에서 자유롭게 움직이면서 생겨나지 않은 생각, 그 안에서 근육 역시 축제를 벌이지 않는 생각은 무엇이든 믿지 말라. 모든 편견은 내장에서 나온다. - 꾹 눌러앉아 있는 끈기 - 이것에 대해 나는 이미 한 번 말했었다 - 신성한 정신에 위배되는 진정한 죄라고. (『이 사람을 보라』 353쪽)

니체가 잡은 귀한 새는 『차라투스트라는 이렇게 말했다』라는 새장에 갇혀 있다. 그것은 동일한 것의 영원회귀라는 사상이다. 그는 질스마리아에서 영원회귀에 대한 영감이 떠오른 순간을 유럽적 사건으로 기억한다. 그 생각이 떠올라 감정의 격랑을 타고 한 걸음 한 걸음 발걸음이 느려지기도 하고 질주하기도 하던 매 순간을 그는 감동의 눈물로 기념한다.

나는 글을 빨리 쓰지 못한다. 컴퓨터를 사용해도 사정은 마찬가지이다. 시선은 내 입을 향한 채 열 손가락을 유연히 움직이며 자판은 보지도 않고 정신없이 문자를 쳐대는 학생들을 보면 존경의 염이 들기도 한다. 나는 오른손과 왼손에서 두 개씩, 손가락 네 개만을 가지고 모든 글을 찍어낸다. 독일에서 석사논문부터 그렇게 썼으니 그래도 잘 찍어내는 편이다. 하지만 어떤 때는 막 머리에 떠오른 생각을 손가락이 따라가지 못하는 경우가 있다.

그래서 나는 생각해본다. 고산지대를 산책하다 좋은 착상이 떠올랐을 때, 니체는 모든 것을 다 잘 받아 적었을까? 가만히 앉아 있다가 떠오른 생각도 막상 글로 써서 표현하려면 쉽지 않은 경우가 많다. 니체도 사상과 언어 사이의 넘을 수 없는 심연을 알고 있다.

생각과 말 - 사람은 자신의 생각조차도 완전히 말로 표현할 수 없다. (『즐거운 학문』 243쪽)

개념과 문자를 가지고 작업하는 철학적 형상화는 한계에 봉착한다. 언어를 통한 인간의 자기 이해도 마찬가지일 것이다. 니체는 언어를 통한 의미 전달이 실패하는 이유가 우리가 사용하는 개념의 건조함과 경직성에 있다고 생각하고 탄식한다.

탄식 - 나는 길에서 이 통찰을 재빨리 낚아채, 그것이 다시 날아가버리지 않도록, 가장 근접한 서투른 말로 그것을 붙잡아두었다. 하지만 이 통찰은 이 말의 건조함으로 인해 말라죽은 채, 그 말 속에 매달려 흔들거리고 있다. - 그리하여 이제 그것을 바라보면 내가 이 새를 잡았을 때 어떻게 그토록 행복을 느꼈는지 더 이상 알 수가 없다. (『즐거운 학문』 275쪽)

생각지도 않았던 순간에 찾아온 생각을 고정하기 위해 우리가 성급하게 섣부른 개념들을 사용하는 탓에, 사상은 더 이상 옳은 빛 아래서 보이던 그 생생한 모습 그대로를 보이지 못하고 말라죽는다. 계몽주의 이래로 철학은 전적으로 개념을 통한 논증적 화법만을 구사해왔다. 그런데 철학은 이제 학문적 논증이 창궐하는 곳에서 사상이 가진 혁신적인 힘들이 사라지고 있다는 역설적인 경험을 쌓아가고 있다. 혹시 니체가 영원회귀 사상의 내용을 자세히 설명하지 않은 이유가 이 때문일까?

니체의 글씨체는 예술적이고 그의 수고는 읽기가 힘들다. 급하게 갈겨쓴 것처럼 보인다. 그는 산책중에 지팡이를 가지고 다녔다. 새가 날아온다. 니체는 지팡이를 겨드랑이에 끼고 종이를 꺼내고 연필을 찾는다. 급하게 쓴다. (니체의 산책용 지팡이는 여동생이 히틀러에게 선물했다.)

"니체에게 산책은 단순한 여가가 아니라 치유와 기다림의 시간이었다. 그는 병든 몸을 이끌고 산과 숲을 걸으며 생명의 숨결을 다시 확인했다. 걷는 동안 불현듯 날아든 사유들은 새처럼 잡혀 그의 철학을 낳았다."

완전한 삶의 주인이 되는 여정

> 어느 정도 이성의 자유에 이른 사람은 지상에서는 스스로를 방랑자로 느낄 수밖에 없다 - 비록 하나의 궁극적인 목표를 향해 여행하는 사람이 아니라고 할지라도: 왜냐하면 이와 같은 목표는 존재하지 않기 때문이다. (『인간적인 너무나 인간적인 I』, 449쪽)

참다운 여행은 그저 떠나는 것이리라. 처리해야 할 일이 있거나, 꼭 만나야 하는 사람이 있어서 떠나는 것은 일이 중심이 되는 여행이다. 하지만 바람의 방향이 바뀌면 그 바람을 따라 훌쩍 길을 떠나는 나그네의 여행은 무심하고 담담한 자연을 닮았다.

니체의 삶의 태도는 집착보다는 변화와 무상함에 대한 기쁨 쪽으로 더 열려 있다. 결국 지구별 안에서 맴맴 돌 뿐인데도, 끊임없이 장소를 바꿔가며 길 위에 서고, 고독과 투명한 빛 속에서 숨을 죽이는 사람들은 무엇을 바라는 것일까?

✺ 니체의 여행은 생존 조건 탐사였다

요즘 한국인은 웬만한 나라를 여행할 때 비자를 발급받을 필요가 없다. 그러나 한국은 물론이고 유럽에서도 비자가 없으면 외국 여행을 갈 수 없었던 시절이 있었다. 1869년, 24세의 젊은 나이로 바젤대학교의 문헌학 교수가 된 후 니체는 프로이센 국적을 포기했고, 죽을 때까지 무국적자로 살았다. 바젤의 시민권을 얻기 위해서는 최소 8년 이상의 체류가 필요했지만, 니체의 건강은 이것을 허락하지 않았다. 법적으로 니체는 외국을 여행할 수 없었다는 말이다.

니체는 평생을 외롭다고 느꼈고, 외로움이 주는 위험과 이득에 대해서 깊고 다양하게 사색했다. 하지만 니체의 주변에는 그의 인생에 영향을 끼친 여자들이 의외로 많다. 그중에는 1872년, 바그너의 음악극이 상연될 바이로이트 축제극장의 준공식에서 코지마 바그너의 소개로 알게 된 니체의 독자, 말비다 폰 마이젠부크(Malwida von Meysen-bug)가 있다. 당시 56세로 니체보다 28세 연상인 그녀는 니체에게 지적이고 자상한 어머니 같은 우정을 제공한 여자로 남는다.

1876년 4월, 심각한 편두통 발작과 위 기능 장애, 햇빛 알레르기 등으로 강의를 중단하며 고생하는 니체에게 그녀는 여행을 권하고 아드리아 해안의 도시로 최소한 1년을 쉬러 오라며 그를 초대한다.

> 당신은 다가오는 겨울에는 바젤을 떠나야만 해요! 당신이 자유롭게 사색하고 말하고 당신의 영혼을 채우는 것을 만들 수 있는 곳, 진실로 이해하는

사랑이 당신을 둘러싸는 곳, 더 온화한 하늘 아래, 더 호의적인 사람들 사이에서 쉬어야만 해요. (1876년 4월 30일자 편지)

니체는 그해에 바젤대학교에 휴직신청서를 내고 마이젠부르크의 초대를 받아들인다. 그해 겨울을 제자 두 명과 이탈리아에 사는 그녀 곁에서 보내기 위해, 니체는 바젤시 당국으로부터 여권을 발급받는다. 그리고 이 여권은 건강상의 이유로 결국 3년 후에 대학을 사직하고 무국적자로 보내는 니체의 말년에 중요한 역할을 하게 된다. 그에게 유럽에서의 제한 없는 여행이 가능해진 것이다.

니체의 말년은 기나긴 여행 기간으로 채워졌다고 해도 과언이 아니다. 물론 그의 여행은 관광이나 교양을 목적으로 하지 않는다. 그의 여행은 우선 생존에 최적인 조건을 탐사하는 일이었다.

니체는 그에게 정신적으로 암흑이 찾아오기 전 마지막 10년 동안 자신의 건강에 최선의 조건을 제공할 지역을 찾아, 스위스의 고산지대와 지중해 연안의 이탈리아 도시들 그리고 독일 나움부르크의 어머니 집을 두루 돌아다니며 보냈다. 1882년에 고트하르트 철도노선이 열린 이후로 스위스와 이탈리아 여행은 훨씬 쉬운 일이 되었다. 니체의 긴 여행은 요양을 위해서인 동시에, 가장 깊은 곳에 숨어서 말과 형태를 띠기 위해 기다리고 있는 자신의 목소리를 들을 수 있는 고요한 장소에 대한 탐색이기도 했다.

이탈리아의 청명한 하늘과 깨끗한 공기 그리고 온기는 니체의 작품 곳곳에서 전해진다. 자유롭게 말하고 생각하고 글을 쓸 수 있는

순한 환경을 찾아 떠나는 니체의 계속된 여행은, 그 여행 기간 완성된 철학 저작들의 내용은 물론이고, 그 자체로도 사색하는 삶(vita contemplativa)에 대한 예찬의 증거라 할 수 있을 것이다.

우리는 언제 여행을 떠나는가? 독일에서 20년을 살면서 나도 독일인들의 여행 패턴에 익숙해졌다. 그들은 일 년에 최소한 두 차례는 여행을 떠난다. 여행을 다녀와서 3개월간은 지난번 여행에 대해서 이야기하고, 그 후 3개월은 다음 여행을 계획한다. 그러면 인생이 여행을 중심으로 기획된다.

우리는 왜 여행을 떠나는가? 보통은 휴식을 취하기 위해서라고 대답한다. 하지만 휴식이라는 말은 일과 노동을 중심으로 만들어진 조금은 슬픈 현대식 단어다. 일과 노동으로 소모된 몸의 에너지를 재충전하기 위해서 쉬는 것이 휴식이다. 그렇게 재충전한 힘으로 그러면 무엇을 하는가? 다시 일과 노동이 계속된다. 그것이 바로 주객이 전도된 현대적 삶의 부조리가 보이는 우울한 모습이다.

✺ 느림과 여유는 고귀한 문화의 표징이다

현대인은 모두 보수를 위해서 일한다. 니체도 이 사실을 알고 있고, 일이 현대인에게 돈에 이르는 수단이라는 점에서 모든 인간이 동일하다고 진단한다. 그러나 그는 또 다른 인간의 유형에 주목한다. 그것은 일이 즐거움을 줄 때만 일과 일이 주는 고난을 감당하고 그렇지 않으면 단호히 나태를 선택하는 사람들이다. 설령 나태의 결과가 "가난, 불명예, 건강과 생명의 위험"으로 이어지더라도 그들은 기쁨 없는 일보다는 나태를 택한다.

> 오히려 그들은 그들의 일의 성공을 위해 권태를 필요로 한다. 사상가와 창조적인 정신을 지닌 모든 사람들에게 권태는 순조로운 항해와 즐거운 바람에 선행하는 유쾌하지 못한 영혼의 '무풍 상태'다. 그는 이것을 견뎌내면서 그 결과를 끝까지 기다려야 한다. 바로 이것이야말로 범속한 천성을 지닌 사람들이 도저히 이루어낼 수 없는 것이다! 모든 수단을 다해 권태를 몰아내려 하는 것은 기쁨 없이 일하는 것만큼이나 천박한 짓이다. 보다 오래, 보다 깊게 휴식할 수 있다는 점에서 아시아인들은 유럽인들보다 뛰어나다.
> (『즐거운 학문』 112쪽)

금전적 이득이 일과 활동의 동기가 될 수 없는 이들은 까다롭고 만족시키기 어려운 자들이다. 니체는 이런 유형의 사람으로 모든 예술가와 사색가와 더불어, 자신의 삶을 사냥이나 여행, 혹은 연애와 모험에 바치는 한가로운 사람들을 지목한다.

니체는 고귀한 문화의 표징으로 느림과 여유를 꼽는다. 명상적 삶이 퇴보한 현대가 일과 근면함을 중시하는 것은 그의 눈에 맹렬히 날뛰는 시대의 질병처럼 보인다.

> 사색하기 위한 시간과 사색할 때의 평온함이 결여되어 있기 때문에, 사람들은 다른 견해들에 대해서는 더 이상 숙고하지 않는다: 그들은 그 견해들을

> 미워하는 것으로 만족한다. 삶의 엄청난 속도와 더불어 정신과 눈은 어중간하게 또는 그릇되게 보고 판단하는 것에 익숙해지고, 모든 사람은 기차를 타고 가면서 나라와 국민을 알게 되는 여행자와 비슷해진다. (『인간적인 너무나 인간적인 Ⅰ』, 276쪽)

빠른 기차를 타고 휙 지나가면서 어떻게 한 나라의 참모습을 보겠는가? 하물며 그 나라 사람들을 어떻게 알 수 있겠는가? 니체는 자신의 직업에서 활동적이고 효율적인 현대인의 주요한 결점이 그들의 외적 활동을 그들에게 유일무이한 것으로 여기는 인간으로 살고, "자기 자신의 샘에서 물을 긷는 것을 방해한다"는 사실을 지적한다. 활동적인 삶(vita activa)에 대한 현대의 과대평가가 애당초 여유로운 존재들이었던 학자들마저도 한가함과 여유를 부끄러워하게 만들었다는 것이 니체의 진단이다.

> 학자들은 한가함을 부끄럽게 여긴다. 그러나 한가함과 무위는 고상한 것이다. - 무위가 실제로 모든 악덕의 시작이라면, 무위는 적어도 모든 덕에 가장 가까이 있는 것이 된다. 한가한 사람은 아직도 활동적인 사람보다 더 나은 사람이다. (『인간적인 너무나 인간적인 Ⅰ』, 278쪽)

직업에 있어서만 활동적인 사람은 자신의 내면을 들여다볼 정도로 침착하지 않다. 내면의 고요는 인간이 중요한 결정을 내릴 때 꼭 확보해야만 하는 덕이다. 고대인들이 '절제(temperantia)'라고 부르던 덕은 다양한 부분들로 하나의 질서 있는 전체를 이룬다는 뜻을 가지고 있다. 인간의 내적 질서를 보장하는 '영혼의 고요(quies animi)'는 자신과 타인에 대한 안정된 시각과 판단에 필수불가결한 요소다.

니체가 활동적인 삶의 주요 결점으로 지적하는 여유의 부재는 결국 외적 삶의 유혹에 빠져 자신을 돌보지 못하게 만드는 현대문명에 대한 비판이기도 하다. 순간을 이용하고 이득을 취하기 위한 정신의 현전성(現前性)은 사람을 부산하게 만들 뿐이다. 신속한 듯 보이는 현대인의 빠른 대처 능력은 니체에게 실은 끊이지 않는 추한 탐욕과 모든 곳을 탐색하려는 호기심의 편재를 증명할 뿐이다. 니체는 침착하지 못하고 산만하고 탐욕스러운 도시인의 본성과 달리, 산맥과 숲의 선처럼 확고하고 안정된 삶의 지평을 확보하기를 원한다. 그래서 그는 인류가 야만적으로 되지 않기 위해서는 명상적 요소를 강화해야 한다고 주장한다.

> 우리의 문명은 안정이 결여되어 있기 때문에 하나의 새로운 야만으로 끝날 것이다. 어떤 시대에도 활동적인 사람, 즉 침착하지 않은 사람은 더 많이 인정받지 못했다. 따라서 명상적 요소를 집중적으로 강화하는 것은 인류의 성격에 시도되어야 할 필수적인 수정 작업에 속한다. (『인간적인 너무나 인간적인 I』, 279쪽)

니체에게는 자신의 독특한 개성을 돌보지 않고, 타인을 시샘하고 일상적 안락을 추구하는 일에서만 서로를 닮아가는 인간이 자연에서 가장 추한 존재다. 그가 여행을 떠나는 이유 중의 하나는 그 추한 인간에서 멀어지려는 것도 있다. 살로메에 대한 사랑이 실패로 돌아갔을 때도 그가 행한 일은 여행을 떠나는 것이었다.

> 여행을 많이 한 사람이 인간의 얼굴보다 더 추한 곳을 세상 어디에서라도 발견한 적이 있는지 의심스럽다. (『인간적인 너무나 인간적인 I』, 294쪽)

✹ 여행자의 다섯 등급

자신이 여행하는 이유에 대한 성찰이었을까? 니체는 여행자를 다섯 등급으로 분류한 적이 있다. 분류의 기준은 수동성과 능동성이다.

> 가장 낮은 등급의 여행자는 여행하면서 오히려 관찰당하는 사람들이다. - 그들은 여행의 대상이 되는 사람들이며 동시에 눈먼 자들이다; 다음 등급의 여행자는 실제로 스스로 세상을 관찰하는 사람들이다; 세 번째 등급의 여행자는 관찰한 결과에서 그 무엇을 체험하는 사람들이다; 그다음 등급의 여행자는 체험한 것을 자신 속에 가지고 살며 그것을 지속적으로 지니고 있다; 끝으로 최고의 능력을 가진 몇몇 사람도 있다. 그들은 자신이 관찰한 모든 것을 체험하고 동화하고 난 뒤, 집으로 돌아오자마자 곧 그것을 여러 가지 행위와 작업 속에서 기필코 다시 되살려나가야만 하는 사람들이다. - 여행자에 대한 이 다섯 부류에 따라 대체로 모든 사람들은 삶의 모든 여정을 지나간다. 가장 낮은 등급의 여행자는 순전히 수동적인 사람들이고, 가장 높은 등급의 여행자는 남겨져 있는 내면적 과정들을 아낌없이 발휘해나가는 사람들이다. (『인간적인 너무나 인간적인 II』, 149-150쪽)

니체는 방랑자로서의 자신이 이 다섯 범주 중 어디에 위치하는지 밝히지 않고 있다. 실제로 니체가 건강 때문에 여행이 주업으로 보이는 방랑의 삶을 산 것을 생각하면 그의 여행의 시작은 수동성이 주도적인 모습을 보인다. 그러나 그가 그 여행을 통해서 길어낸 사색의 진주들은 적극적인 정신적 활동의 증거이기도 하다.

 아마도 그는 자신에게 주어진 관조적인 삶 속에서도 자신이 주인이 되는 참다운 능동성을 확보하고 싶었을 것이다. 짐승과 신의 모습을 모두 가지는 한 인간의 영혼이 주인 도덕과 노예 도덕의 전쟁터라는 것을 생각하면, 니체가 말하는 여행의 여러 등급 역시 우리의 영혼이 사다리를 밟아나가며 완전한 삶의 주인으로 강화되는 여정의 단계들일 수 있다.

"니체의 여행은 단순한 유랑이 아니라 생존과 사색의 조건을 탐구하는 방랑이었다. 그는 빠름과 효율을 숭배하는 현대문명을 비판하며, 느림과 여유 속에서 삶의 주체성을 찾고자 했다. 여행자의 등급처럼 인간 역시 내면을 동화하고 창조하며 완전한 삶의 주인으로 성장한다."

니체에게 음악은
영혼의 호흡이다

　독일인들은 소박하고 자족적인 삶을 표현할 때 "공기와 사랑으로 산다"고 말한다. 하지만 그것만으로 행복해지기는 어렵다. 행복의 최소 조건이 무엇일까? 겸손한 사람들은 밥과 주거지, 건강과 가족, 공기와 햇빛 등을 떠올릴 것이다. 하지만 행복은 생계의 문제를 넘어선다. 단순한 생존만을 강요하는 삶은 니체에게 오류에 불과하다. 니체는 행복을 위한 최소한의 것으로 백파이프의 소리를 소환한다.

> 행복을 위해서 얼마나 작은 것이 필요한가! 백파이프의 소리. - 음악 없는 삶은 하나의 오류이리라. 독일인은 신까지도 노래를 부른다고 생각한다. (『우상의 황혼』 83쪽).

　니체가 행복을 위한 문장에서 백파이프의 소리를 떠올린 것은 우연이 아닐 것이다. 피리는 디오니소스의 악기다. 그는 디오니소스적 예술이라는 근원적인 현상을 고찰하는 책으로 철학의 세계에 발을 디딜 것이고, 신비한 음악의 불협화음을 들으며 쾌감에 떨며 삶을 찬양할 것이고, 한참이 지난 후 음악의 운명이 더 이상 자연으로부터 솟구치는 환희에 찬 전율을 전달하는 디오니소스의 피리가 아니게 된 것에 대해 괴로워할 것이다. 니체는 쾨젤리츠에게 쓴 말년의 한 편지(1888년 1월 15일)에 음악이 없는 삶은 오류를 넘어 고난이고 추방이라고까지 말한다.

니체는 바그너의 음악이 없었다면 유년을 견디기 힘들었을 것이라고 쓰고 있다. 이것은 바그너 음악에 대한 칭찬일까? 어느 정도는 그렇다. 니체는 바그너의 음악을 참아낼 수 없는 압박에서 해방되고자 사용한 대마초에 비유한다. 그가 바그너의 〈트리스탄과 이졸데〉에서 느끼는 위험한 매혹과 전율과 달콤한 무한성은 철저히 병들고 고통받은 자만이 이해할 수 있는 "지옥의 열락"이다. 니체가 충분히 강하지 못했더라면 그는 바그너 음악에 내포된 위험을 통해 좌초하고 말았을 것이다.

✺ 음악 속에서 성장하고 살아간 니체

바그너와의 만남 이전부터 음악은 니체 인생에서 빼놓을 수 없는 중요한 요소였다. 그의 저작들과 편지들은 음악에 대한 구절들과 고찰들로 수놓아져 있다. 니체는 아버지의 즉흥연주를 보고 들으며 자랐고, 여섯 살 때부터 본인의 피아노로 교육을 받아 즉흥연주를 할 정도로 상당한 연주 실력을 갖추고 있었다. 악기 하나를 얼마나 배우면 자기 마음 가는 대로 연주하는 즉흥연주가 가능할까? 그것은 어떤 면에서 니체가 말하는 정신의 세 변화를 반영한다. 악보에 명시된 규칙의 의미를 배워 숙지하고 지키며 힘줄과 근육을 긴장시켜 집중해서 손가락을 한 점에서 한 점으로 수백 번 이동하고, 틀리면 처음부터 반복하고, 악보가 외워지는 경험을 하고, 눈을 감고도 한 곡을 다 연주하는 지점까지 간다고 모두가 다 즉흥연주를 할 수 있는 것은 아닐 것이다. 어느 순간 자신의 마음을 표현해보고 싶은 욕망이 들어야 하고, 실제 연주되는 화성과 선율이 자기 마음에 거슬리지 않고 자유롭게 울려퍼지게 될 때까지는 상당한 극복과 사랑이 요구되기 마련이다.

게다가 니체는 독자적으로 작곡을 공부했고, 유년 시절부터 수많은 노래와 피아노곡과 소나타와 협주곡을 작곡했다. 바젤대학교의 교수로 초빙되기 직전에 쓴 한 편지의 초고에서 니체는 자신이 아홉 살 이후로 음악에 가장 강하게 끌렸고, 외적인 상황들이 허락했더라면 음악가가 되려는 모험을 감행했을 것이라고 기록했다.

그의 평생지기인 게르스도르프(Carl Freiherr von Gersdorff)는 김나지움 시절, 니체가 특히 번개가 칠 때 피아노 즉흥연주를 하면 베토벤도 더 감동적으로 환상을 펼칠 수는 없었을 정도였다고 회상한다. 니체가 광기 속에서 보낸 말년에 여동생이 주최한 니체 낭송회에 참석했던 사람 중에는 니체가 옆방에서 피아노 앞에 앉아 베토벤 소나타

등 즉흥곡을 몇 시간이나 연주하며 자신의 영혼을 달래던 것을 경험한 사람들이 있다.

본에서 문헌학을 전공하던 1864년부터 니체는 오페라와 콘서트에 많은 시간을 투자했고 공연에 대한 감상을 남겼고 작곡도 계속하고 있었다. 동료들 사이에서는 음악적 권위를 누렸을 것이다. 라이프치히대학교으로 옮겨간 후 1868년에 니체는 때때로 한 신문(Deutsche Allgemeine Zeitung)을 대표해 문예 비평가의 자격으로 콘서트와 강연을 방문했었고, 같은 신문의 문예란에 오페라 비평 기고를 권유받은 적도 있다. 라이프치히에 살던 바그너의 처남이자 동양학자인 브록하우스(Heinrich Brockhaus)의 집을 방문했던 바그너가 이 재능 있는 젊은 학생이자 음악 애호가인 니체에 대한 칭찬을 듣고 당장 니체를 만나고자 초대했을 정도로 그의 음악 취향은 각별했다. 그 첫 만남을 통해 생긴 바그너와의 우정은 니체가 교수가 된 후에도 한동안 계속된다.

그가 개신교 목사 집안의 후예였던 것을 생각하면 그가 유년 시절부터 두드러지는 음악과의 특별한 관계를 맺은 것은 쉽게 이해가 간다. 14세의 니체가 쓴 자서전 『나의 삶으로부터(Aus meinem Leben)』에는 '음악에 대하여'라는 소제목 아래 음악에 대한 그의 각별한 사랑이 기록되어 있다. 그리고 이 고백과 사랑은 신에 대한 감사의 마음이 변해간 것과 달리, 니체의 인생에서 예언적인 성격을 가지고 변하지 않는다.

하나님께서 우리에게 음악을 주신 것은 첫째, 우리가 그것을 통해 위로와 인도를 받을 수 있도록 하기 위해서다. 음악은 그 안에 모든 특성이 결합되어 있다. 그것은 우리를 들어올리고, 장난치며, 기분을 좋게 만들 수 있다. 그렇다. 음악은 부드럽고 우울한 음색으로 가장 거친 마음도 굴복시킬 수 있다. 하지만 그 주된 목적은 우리의 생각을 더 높은 것으로 이끌고, 우리를 고양하고, 심지어 흔들어놓는 것이다. (…) 음악은 또한 즐거운 오락거리를 제공하며, 음악에 관심을 가진 사람들을 지루함으로부터 구해준다. 우리는 음악을 멸시하는 모든 사람을 동물과 비슷한 존재로 경멸해야 한다. 이 놀라운 신의 선물이 항상 내 인생의 길에 함께하기를. 나는 음악을 좋아하게 된 것을 행운이라고 여긴다. 이 아름다운 즐거움을 우리에게 선사하신 하나님께 영원한 감사를 노래하리라!

❋ 세계의 본질을 전하는 긍정의 예술

음악은 니체에게 세상을 만나는 중요한 창구였고, 모든 예술을 넘어서는 최상의 예술이자 그의 철학적 창조에 있어 본질적인 자극제였다. 음악은 그에게 개념적 사고의 벽을 넘어 궁극적인 진실을 전달할 수 있는 최상의 소통 수단이었다.

음악은 문법이 아니라 인간적인 필요를 따르는 말의 한 형태일까? 니체는 음악이 다른 예술과 달리 현상이 아니라 세계의 가장 내적인 본질인 의지 자체를 직접적으로 모사한다는 쇼펜하우어의 생각에 동의하는 것처럼 보인다. 음악은 그런 한에서 개념이나 텍스트를 거치지 않고 곧바로 사태의 본질로 파고드는 힘이다. 음악은 어떤 내용을 전달하는 수단이 아니며 그 자체로 세계의 본질을 반영하기에, 삶을 긍정하는 예술 양식으로 이해된다. 니체는 최소한 어떤 대상에 의존할 필요가 없는 음악이 생명력을 고양하고, 정신을 자유롭게 하며, 사유를 증진한다고 생각한다.

> 음악이 정신을 자유롭게 한다는 것을 사람들이 알까요? 사유에 날개를 달아준다는 것을? 사람들이 음악가가 되면 될수록 더욱더 철학자가 된다는 것을? (『바그너의 경우』, 19쪽)

철학이 개념을 가지고 논증하며 진리를 추구한다는 것은 익히 알려진 사실이다. 그런데 왜 음악이 음악적 인간으로 하여금 철학에 복무하게 만든다는 것일까? 학문이 내세우는 틀에 박힌 사유의 양식과 사유에 대한 선입견, 즉 이성과 언어만이 사유의 적법한 도구라는 생각은 음악적 세계에서는 버티지 못한다.

세계 자체의 본질로부터 직접 음을 길어내는 음악가는 이성이 이해하지 못하는 최고의 지혜를 전달하는 자라는 점에서 철학의 사유에 날개를 단다. 니체의 언어를 빌려 말하면, 그러한 상태의 철학자는 마치 디오니소스적 도취와 황홀을 전달하는 아폴로를 닮았을 것이다. 음악은 세계 의지를 반영하고, 그렇기 때문에 자연스럽게 본질적인 의지의 특성을 드러낸다. 니체가 생각하는 무구한 음악이 바로 그것이다.

> 내가 무구한 음악이라고 부르는 것은 전적으로 오직 자신만을 생각하고 자신만을 믿으며 자신에게 침잠한 채 세상을 잊어버린 음악입니다. 이 음악은 가장 깊은 고독에서 저절로 울려오는 것으로, 자신에게 침잠한 채 자신과 말하고, 청중과 귀 기울이는 사람 그리고 [음악이 다른 사람에게 미치는] 작용과 오해 또는 실패가 밖에 있다는 것을 더 이상 알지 못하는 음악입니다. (『아침놀』, 262쪽)

음악이 가사나 전달하고자 하는 내용 같은 음악의 외적인 요소에 종속되는 현상을 니체는 낙관적 합리주의를 대변하는 소크라테스적 문화라고 비판했다. 그가 『비극의 탄생』에서 디오니소스적 음악 정신을 부활시키려 했던 노력은 그 형식만으로도 충분히 모순과 유동성으로 존재하는 생기의 근본적인 세계를 드러내는 음악의 본래 모습을 회복하기 위한 것이었다. 그는 음악은 효과를 노리지 않고, 청중을 의식할 필요가 없으며, 감정에 호소하는 것이 아니라고 생각한다.

그러한 측면에서 니체와 바그너의 결별은 이미 그들의 첫 관계에서부터 예고되고 있었다고 할 수 있다. 바그너의 음악극을 낭만주의로부터의 결별로 이해하고 이전보다 본질적인 음악적 요소가 더 중시되는 것으로 이해한 니체와, 음악을 통해 여전히 신화의 내용을 장식해 전달하고 싶어 한 바그너의 의도가 교묘하게 겹치고 상충하는 지점이 그들이 맺은 관계를 자리매김한다. 순수한 음악적 형식 속에서 그 자체로 존재하는 세계, 그림자가 아니라 본질을 드러내는 방법과 정도를 고민하면서 그들은 만나고 갈라선다.

니체는 『선악의 저편』 254절에서 비제(Bizet)가 만든 음악의 남방에 관해 얘기한다. 그것은 북방의 냉엄함이나 남방의 부드러움과 감성 한쪽만으로는 만족을 모르는, 드물고 폭이 넓은 사람들을 위한 음악이다. 니체에게 진정한 음악은 삶의 새로운 가능성, 힘과 악의와 신비와 깊이와 아름다움과 매력의 새로운 지평을 드러내고 인간을 고양하고 그의 감수성을 확장하는 음악이다.

같은 맥락에서 니체가 "감미롭고 열정적인 음악을 쓴 최고의 서정시인"이라고 칭한 하인리히 하이네에 관해 니체는 신과 사티로스가 동시에 구현된 것 같은 신적인 악의를 지녔기에 완전성에 도달한 인물로 묘사한다. 니체는 하이네의 독일어가 유럽의 가장 세련된 문화의 중심지이자 취향의 고급 학교인 프랑스에서 서정시인들의 살과 피가 되어왔다고 평가한다. 아마도 니체는 모순을 더 많이 담아내는 것이 더 좋은 취향이며 세련된 일이라고 생각하고 있는 것 같다. 서로 모순되는 것들이 동시에 공존할 수 있다는 사실은 어쩌면 인간의 인식능력의 한계를 가리키는 것일지도 모른다.

음악이라는 현상은 형식과 내용, 혹은 구조와 내용을 구분하는 일을 불가능하게 만든다. 아무것도 없었던 무에서 음이 생겨나고 그 음이 다른 음들과 맺는 순간적이고 역동적인 관계를 통해 음악은 새로운 창조를 이룬다. 하지만 그 새로운 창조는 다시 밀려오는 또 다른 음들과의 연결과 영향을 통해 사라져간다.

새로운 형식의 발견이 동시에 내용이 되는 현대의 음악적 우주에서 협화음과 불협화음의 차이는 뉘앙스와 정도의 문제로 통합되기도 한다. 신음악이 반음계와 무조음악(atonal music)을 적극적으로 이용하며 협화음의 영역을 넓혀나가는 것은, 인식의 한계를 극복하기 위해 기존의 사고패턴을 넘어서는 실험을 행하며 인식기관 자체를 넓혀가는 철학적 실험을 닮았다. 그래서인지 니체의 책 제목과 같은 제목의 교향곡을 작곡한 리하르트 슈트라우스(Richard Strauss)에서 구스타프 말러(Gustav Mahler)와 아놀드 쉰베르크(Arnold Schönberg)에 이르기까지, 고전음악과 현대음악가들의 상당수가 니체의 철학에 의한 고양을 경험했다.

✹ 영속성의 관점에서 본 음악과 사상의 위계

그러나 니체는 음악이 특정한 시대정신과 개별적 시공간의 조건이 만들어낸 문화의 척도를 반영한다고 생각한다. 게다가 그것은 문화가 쇠퇴하는 시기에야 "모든 문화에서 늦게 피는 꽃"으로 나타나, 마치 사라진 언어를 다시 전하는 것처럼 찬란했던 한 시기를 새로운 시대에 음으로 엮어 알리는 역설적인 운동을 보인다. 그는 이 운동에 맞춰 네델란드 음악가들과 헨델과 모차르트와 베토벤과 로시니의 음악에 대해 독특한 평가를 내리고 있다. 각각 중세 기독교적 영혼, 루터의 영혼, 루이 14세의 시대와 라신의 예술과 로랭의 예술, 그리고 18세기의 일시적인 행복이라는 지나간 시기가 그것을 뒤늦게 형상화한 음악가들을 통해 울려퍼진다는 것이다.

> 사실 음악은 일반적이고 시대를 초월한 언어가 아니라 개별적, 시간적, 공간적으로 구속된 아주 특정한 문화가 내적인 법칙으로 자신 속에 함유하고 있는 감정의 척도, 정도와 박자의 척도에 정확하게 상응하는 것이다.
> (『인간적인 너무나 인간적인 II』, 109쪽)

지나간 시대의 문화적 찬란함과 시대정신을 전하는 이러한 측면에서 고찰하면 음악은 그 자체로는 덧없는 것이다. 그래서 니체는 세계의 본질을 개념 없이 전하는 음악보다 개념의 한계 안에서나마 그것의 의미를 밝히는 사상을 더 영속적인 것으로 평가한다.

> 문화의 위대한 진행기에 자란 과일도 조형 미술이나 인식의 나무에서 자란 과일보다 맛이 없으며 훨씬 더 빨리 부패한다는 사실이 음악의 본질 속에는 내재해 있다: 즉 인간이 가진 예술 감각의 모든 산물 중에서 가장 영속적이고 가장 오래 버틸 수 있는 것은 사상이다. (같은 책, 110-111쪽)

"니체에게 음악은 단순한 오락이 아니라 영혼의 호흡이자 세계의 본질을 드러내는 예술이었다. 그는 음악 속에서 삶의 고양과 자유를 경험했고, 철학적 사유마저 그 힘으로 날개를 달 수 있다고 보았다. 그러나 동시에 음악은 시대정신을 담는 덧없는 꽃이기에, 사상만이 더 오래 견디는 영속성을 지닌다고 평가했다."

제대로 읽고 쓰면 사람이 달라진다

베를린에서 훔볼트대학교를 처음 갔을 때, 난 신기한 광경을 목격했다. 훔볼트대학교 철학과가 있는 운터 덴 린덴(Unter den Linden) 6번지 건너편의 큰 광장 한가운데서 사람들이 둥글게 모여서 땅속을 쳐다보고 있었다. 광장 중앙에 땅을 파고 유리를 덮어 놓은 그 속에는 빈 서가가 즐비했다. 거기가 바로 독일 현대판 분서갱유가 열린 베벨 광장(Bebel Platz)이다.

광장은 아름답다. 동쪽은 국립오페라(Staatsoper)가 감싸고 있고 남쪽에는 연녹색의 돔을 얹은 성 헤드비히 성당(St. Hedwig Kathedrale)이 있다. 오페라 건너편의 광장 서쪽의 훔볼트대학교 법대 건물 옆면에는 nutrimentum spiritus(누트리멘툼 스피리투스)라는 라틴어가 크게 양각되어 있는데, '정신의 양식'이라는 뜻이다. 법과대학과는 잘 어울리지 않는 말이다. 보통 법전을 파면 정신보다는 물질이 풍요해진다. 이 건물이 예전에는 도서관이었기에 저런 문구가 쓰여 있다.

☀ 독일 현대판 분서갱유

그런데 나치를 추종하는 사람들이 1933년 5월 10일에 이 도서관에서 책을 빼다가 광장 한가운데에서 불에 태웠다. 그날 밤, 무려 2만 권의 책이 불에 탔다. 하이네(Heinrich Heine), 캐스트너(Erich Kästner), 만 형제(Thomas Mann과 Heinrich Mann), 프로이트(Sigmund Freud), 마르크스(Karl Marx), 투홀스키(Kurt Tucholsky), 슈니츨러(Arthur Schnitzler), 포이히트방어(Lion Feuchtwanger) 등이 쓴 불에 탄 그 책들은 당시 독일의 시대정신에 비추어 보았을 때 비도덕적이고 퇴폐적이고 비독일적이었다.

횃불을 든 대학생들은 학교에서부터 박물관섬(Museumsinsel)을 거쳐, 트럭들이 즐비하게 서 있는 오라니엔부르크 거리까지 군악대의 연주에 맞춰 행진했다. 트럭들이 출발해서 베벨 광장으로 책을 실어 날랐다. 베를린은 축제 분위기였고, 학위복을 입은 교수들을 포함해 7만여 명의 군중이 책을 태우는 이 행사에 참여했다. 그날 베를린은 비가 내렸고, 나치들은 책더미에 휘발유를 부어댔다. 베를린을 비롯해 20개 이상의 독일 도시에서 같은 일이 반복되었다. 1년이 지난 뒤 제3제국의 금서 목록은 3천 권을 넘어섰다.

베벨 광장 한가운데, 2만 권의 책이 빠져나간 빈 서가를 덮은 유리 옆 사방에는 하이네가 1820년에 쓴 비극 『알만조르(Almansor)』의 한 구절이 청동판에 새겨져 있다. 'Das war ein Vorspiel nur, dort wo man Bücher verbrennt, verbrennt man am Ende auch Menschen(그것은 전주곡에 불과했다, 사람들이 책들을 불태우는 곳에서, 사람들은 또한 마지막에 사람들을 불태울 것이다).' 2차 세계대전 총사상자 7천만 명 중 홀로코스트 희생자는 천백만 명에 달한다.

인류는 종종 책들을 불태운다. 왜 그러는 걸까? 누군가에게 위험하고 무서운 책들이 있기 때문일 것이다. 그래서 물리적 권력을 잡은 자들은 종종 사람들을 보호하고자, 혹은 그런 책들을 읽은 사람들로부터 자신을 보호하고자, 아니면 아예 아무도 그런 책들의 존재조차 모르는 곳에서 천년만년 왕 노릇 하려고 책들을 불 지른 것이다.

✹ 세상을 바꾸는 철학과 사상의 힘

아무튼 이제 타는 책들을 지나서 운터 덴 린덴 거리를 건너자. 훔볼트대학교 철학과가 나온다. 높고 두꺼운 나무문을 열고 들어가 널찍한 대리석 홀을 가로지르면, 좌우로 굽어 올라가는 나선형 대리석 계단이 갈라지는 정면 벽 한가운데 황금색으로 양각된 글자들이 눈에 들어온다.

>   Die Philosophen haben die Welt nur verschieden interpretiert,
>   es kommt aber darauf an, sie zu verändern(철학자들은 이제까지 세계를 단지 다르게 해석해왔을 뿐이다, 하지만 중요한 것은 그것을 변혁시키는 것이다).

길 하나 건너서 조금 전에 불탔던 마르크스가 말을 걸어온다. 「포이에르바하에 관한 테제」의 마지막 열한 번째 테제다. 그는 철학이 세계를 변혁시키는 도구라고 말한다. 당시 20대 초반이었던 나는 겁을 먹고 자유와 자기규정에 대해 생각했다. 그 후로 나에게는 역사 속에서 진행되었던 이념들의 전쟁이 현재형으로 계속되고 있는 흔적이 곳곳에서 보였다. 그렇게 나는 철학과 사상이 위험한 것이고 진정한 개념은 정신을 가르는 시금석이 된다는 것을 배우고 있었다.

자신을 다이너마이트라고 칭했던 니체도 읽기와 쓰기에 대해 성찰하며 "지혜는 여인이고, 그리하여 늘 전사만을 사랑한다"라고 말했다. 사랑하고 투쟁하는 자만이 철학에 적합하다는 암시다. 하지만 나는 비둘기 걸음처럼 걷는 학자의 성실한 나날이 세상을 바꾼다고 말하는 니체를 더 좋아한다. 나는 겁이 많고, 싸움은 피하는 편이다. 피 냄새도 맡지 못하며 피를 보면 기절한다. 하지만 읽고 쓰는 일이 위중한 일이라는 것은 안다. 문자 공화국의 시민으로 사는 사람치고 글 쓰는 일의 엄중함을 모르는 사람은 없겠지만, 글쓰기에 대한 니체의 글은 유독 자극적이다.

> 일체의 글 가운데서 나는 피로 쓴 것만을 사랑한다. 피로 써라. 그러면 너는 피가 곧 넋임을 알게 될 것이다. 낯선 피를 이해한다는 것은 쉬운 일이 아니다. 나는 책을 뒤적이며 빈둥대는 자들을 미워한다. (『차라투스트라는 이렇게 말했다』, 63쪽)

"정신이 피"라고 말하는 니체의 핏방울이 남긴 붉은 자취를 추적하는 일은 다분히 모험적이다. 피를 정면으로 마주칠 용기를 타고나지 못한 사람에게는 두려운 일이기도 하다. 게다가 그는 피를 뿌리며 존재의 심연을 측량하는 과정에서 실패하기도 하고, 아까운 피를 낭비하기도 한다. 물론 그 선혈을 통해 가끔 존재의 심연에서 길어 올린 비밀들이 무지개처럼 찬란하게 드러나기도 하기에 우리는 두렵지만 그 피의 향연에 참여한다.

인생의 아이러니 중 하나는 인생에서 직접적인 경험을 통해 배울 수 있는 것이 그다지 많지 않다는 것이다. 모든 골드문트는 크게 성장하지 못한다. 우리는 책을 통해서 인생과 세계에 대해 배운다. 수백 년을 압축한 책들이 우리를 기른다.

✹ 독자를 생각하게 만들고 변화시키는 책

니체는 책을 많이 읽었다. 니체가 어떤 책들을 읽고 무슨 생각을 했고 어떤 영향을 받았는지는 그의 유고와 편지 안에 상당히 자세히 담겨져 있다. 쇼펜하우어의 『의지와 표상으로서의 세계』를 처음 만났을 때 그가 보였던 며칠 동안의 집중은 유명한 일화로 남았다. 하지만 그가 그 외에 어떻게 다른 책들을 읽었는지 우리는 추측할 뿐이다. 아마도 그는 피로 쓴 것과 아닌 것들을 구별했을 것이다.

책의 홍수 속에서 살다 보면 읽지 않아도 무방했을 책들도 많이 만나게 된다. 그 책을 읽고 자신이 어떤 의미에서건 변하지 않았다면 그것은 짧은 인생에 만나지 않았어도 되었을 책들이다. 물론 재미를 위해서 읽는 책들도 많다. 하지만 니체가 이 범주의 책들을 피로 쓴 책이라고 보았을 것 같지는 않다. 반면에 어떤 책들은 그 주제 혹은 장르와 무관하게 독서를 통해 독자를 변화시킨다. 물론 독자가 그 글을 타인의 생명이 담긴 피를 다루듯 진지하게 대했을 때의 일이다. 그런 독서는 독서 후에도 오래 생각하게 만든다. 니체가 만나기를 원했던 책들은 아마도 후자의 것들일 것이다.

또한 니체에게 진정한 사상가는 그가 무엇을 어떻게 쓰던, 농담을 하건 진지하게 사상을 다루건, 정직한 글을 통해 독자를 흥겹게 하고 생기를 북돋아주는 사람이다. 이런 류의 작가로 니체는 몽테뉴와 쇼펜하우어를 들고 있다. 글을 읽고 쓰는 일은 다른 사람의 정신을 만나는 일일 뿐만 아니라 자기 자신을 만나는 일이기도 하다. 문체는 그 사람의 감정과 사고의 폭과 깊이와 특성을 노출한다. 자신만의 생각과 삶의 서사를 드러내는 것은 타인을 염두에 둔 사회적 행위다. 글을 쓰는 사람은 자신이 이해될 것을 전제한다. 그는 인정받고 싶은 욕구를 가지고 있다.

헤겔은 인간의 특성 중 하나가 인정투쟁에 목숨을 거는 것이라고 말한 적이 있다. 글을 쓰는 일은 그만큼 진지한 일이다. 그래서 니체는 피로 쓴 자신의 글을 이해하기 위해서, 우리가 해서는 안 될 것과 해야 할 것을 분명하게 밝힌다.

❋ "내 책을 이해하려면 소가 되어라!"

우선 피로 쓴 정신의 글을 이해하기 위해서 절대로 해서는 안 되는 것은 '현대인'이 되는 것이다. 지식이 있다고 알려진 모든 곳으로 유행에 따라 달려가며, 지식의 총합으로 이해되는 인간의 교육이 23세에 끝나야 한다고 믿는 현대인의 조급함은 니체 저서의 독서에는 적합하지 않다.

니체의 말처럼, 세상에는 그것의 획득을 위해서 희생은 고사하고 극복도 필요 없는 하찮은 진리들이 너무 많다. 인간이 진정으로 실존적 향방을 결정하고 자기 삶에 의미 있는 무게를 실어야 하는 절체절명의 순간에 푯대가 되고 정향점이 되는 진리들은 의외로 적다. 신경질적인 출판사들이 평균의 독자에게 아무것이나 마구 먹여서 생각할 필요가 없는 자들로 길러내는 방식은 니체가 원하는 독서가 아니다.

니체는 독서가 인간을 그 근본에서부터 전폭적으로 바꾸는 하나의 체험이 되기를 원한다. 예를 들어 니체는 우리가 차라투스트라의 모든 문장을 통해 "때로는 깊이 상처받고, 때로는 깊이 황홀해보기"를 원한다. 그래서 니체가 권하는 독서는 느리고 반복되는 독서다. 그는 우리에게 소가 되라고 권한다. 철학에 소는 여러 번 나온다. 소는 꾸역꾸역 뭘 먹어대기만 하는 경제 동물 아테네를 상징하기도 하고, 어둠 속에서 아무것도 구별되지 않는 유아론적 태도를 가리키기도 한다. 하지만 니체가 바르게 읽는 기술을 위해 우리에게 되라고 권하는 소는 되새김질하는 소다.

피 같은 정신으로 절차탁마한 진실한 글들을 곱씹어 그 글이 함축한 진리의 내용들을 내 것으로 만드는 체험은 시간을 요구한다. 삶 저변의 핵과 근원에 가닿는 독서, 몸 깊은 곳을 공략하는 독서, 사랑과 놀이처럼 무용하게 보이지만 기도와도 같은 독서는 그렇게 시작된다. 보뱅(Christian Bobin)은 한 에세이에서 글을 쓰는 이의 위대함은 오로지 날것인 삶에 대한 온전한 복종에서 온다고 썼다. 그가 떠올린 독서의 가장 명료한 이미지는 "자신의 몫을 남기지 않고 피를 몽땅 쏟아내는 초, 싸늘한 성당에서 서서히 타들어가는 초"다.

니체가 우리에게 느리고 반복되는 독서를 권했다고 해서 그가 실제로 그런 독서를 했는지는 알 수 없다. 서른 이후의 니체는 무리하지 않고는 장시간의 독서와 집필이 불가능했었다. 친구 쾨젤리츠가 책을 읽어주고, 구술하는 문장들을 받아 적는다. 하지만 그렇게 기억에 새겨진 귀한 문장들을 니체는 산책에 지니고 다니며 곱씹는다. 그리고 그렇게 촉발되는 자신의 사유를 니체는 "정신의 근육으로 추는 춤이자 몸의 언어"라고 불렀다. 그는 우선 걷는 법을 배웠고, 그 후 줄곧 달렸고, 나는 법을 배웠고, 그 후에는 타인의 도움 없이 움직일 수 있었다고 쓰고 있다. 그래서 그는 학자들이 양산해내는 박식한 책에 대해서 이렇게 조롱할 수 있었다.

> 어느 박식한 책을 앞에 두고. - 우리는 책 사이에서만, 책을 읽어야만 비로소 사상으로 나아가는 그런 인간들이 아니다. 야외에서, 특히 길 자체가 사색을 열어주는 고독한 산이나 바닷가에서 생각하고, 걷고, 뛰어오르고, 산을 오르고, 춤추는 것이 우리의 습관이다. 책, 인간, 음악의 가치와 관련

된 우리의 첫 질문은 다음과 같은 것이다. '그는 걸을 수 있는가? 더 나아가 춤출 수 있는가?'…우리는 좀처럼 책을 읽지 않는다. 그렇다고 해서 우리가 나쁜 독자인 것은 결코 아니다 - 오, 한 인간이 어떻게 그 사상에 도달했는가를, 그가 잉크병을 앞에 두고 뱃살을 접은 채, 종이 위로 머리를 구부리고 앉아서 그 사상에 도달했는지의 여부를 우리는 얼마나 빨리 알아채는가! 오, 우리는 또한 얼마나 빨리 이런 책을 읽어치우는가! 내기를 해도 좋다. 눌린 창자가 스스로를 폭로하며, 또한 서재의 공기와 천장, 좁은 서재가 스스로를 폭로한다. - 이것이 성실하고 박식한 책을 덮으며 내가 받은 느낌이었다. 감사하고 또 감사하며, 또 안도감을 느끼며…. 박식한 학자의 책에서는 또한 거의 언제나 억누르고 또 억눌린 어떤 것이 느껴진다: 어디에선가 '전문가'의 티를 내는 것이다. (『즐거운 학문』, 366쪽)

"니체에게 읽기와 쓰기는 단순한 지적 놀이가 아니라 피로 새긴 정신을 전달하는 실존적 소통행위다. 그는 독서가 사람을 근본에서 변화시키는 체험이 되어야 한다고 강조하며, 느리게 반복하는 되새김의 독서를 권했다. 책은 단순한 지식의 집적이 아니라 독자를 변혁시키고 새로운 삶의 힘을 일깨우는 정신의 양식이다."

함께한 우정의 길마저 넘어서야 할 산이다

니체가 다녔던 기숙학교 슐포르타(Schulpforta)는 12세기에 건설되었던 수도원 시설을 개조한 곳으로, 광활한 부지에 들어앉은 고색창연한 건물이다. 이 유서 깊은 학교는 이미 1543년부터 영재들을 발굴해 대학 진학에 필요한 고전어와 음악 그리고 새로운 부수 학과를 가르치던 중등교육 기관이다. 니체가 여기서 6년간(1858년 10월~1864년 9월) 교육받은 19세기에 이 학교는 이미 독일의 가장 유명한 김나지움의 하나로 발전했다. 클로프스토크(Friedrich Gottlieb Klopstock), 피히테(Johann Gottlieb Fichte), 뫼비우스(August Ferdinand Möbius), 랑케(Leopold von Ranke), 렙시우스(Richard Lepsius)를 비롯한 세계적인 학자들과 예술가들이 이곳을 모교로 삼았다. 국가의 지도적인 인재들을 일찍부터 기르겠다는 교육철학이 결실을 본 것이다.

공부할 분위기가 제대로 갖춰진 곳에서 영재들과 친구가 되어 공부할 수 있다는 것은 청소년을 긍정적으로 자극한다. 니체의 평생지기가 될 미래의 인도학자, 도이센(Paul Deussen)이 니체와 함께 이 학교에 다녔다. 니체는 이 시절, 초등학교와 김나지움을 다닌 나움부르크의 친구들과 예술·문학단체인 게르마니아를 만들어 글과 음악을 발표하며 활발하게 활동한다.

주로 사람을 피하고 고독을 찾는 것처럼 보이는 니체는 의외로 한 번 맺은 관계를 잘 유지한다. 그는 대학 시절 사귄 친구들과도, 헤어진 후 비록 자주 만나지는 못해도 평생 서신을 나누며 우정을 유지한다.

지금과 비교해 당시에 인구가 적었던 것도 그 이유가 될지 모르겠다. 사람이 적으면 관계가 귀한 법이다. 현재 독일 인구 중 대졸자는 대략 57%에 달하고, 약 300만 명의 학생들이 독일 내 대학교에서 공부하고 있다. 이것에 비해서 내가 접할 수 있는 최초의 통계치가 기록된 1909년 겨울학기의 독일 대학생은 전체 53,300명에 불과했다. 이 중 철학을 전공한 자가 몇 명이나 되었을까? 대학생의 수는 니체가 대학교에 들어갔던 1864년에는 더 현저하게 적었다. 그래서 19세기의 돋보이는 철학자들의 이름은 여러 영역에서 항상 반복된다.

❋ 니체와 바그너의 관계

인구가 적은 마을에서는 모든 관계가 귀하다. 그 귀한 관계망을 니체는 느리지만 꾸준히 넓혀나간다. 그중에서도 바그너와의 교제는 그의 인생에서 중요한 의미가 있다. 니체가 남긴 글에서 가장 많은 빈도수를 기록하는 인물이 바로 리하르트 바그너(Richard Wagner)다. 니체가 평생을 그와 싸웠노라고 고백한 소크라테스가 216회, 플라톤이 287회 등장하는 것과 비교해볼 때, 바그너는 무려 650회 이상 언급되고 있다. 이 수치는 니체의 인생에서 바그너가 그만큼 중요했다는 증거다.

니체를 연구하는 학자들은 이들의 관계를 보통 애증의 관계로 묘사한다. 바그너의 문화정책 선동가로서 기능하던 교수 시절의 젊은 니체와, 그의 "예술가 형이상학"을 다룰 때 두 사람의 관계는 빠지지 않고 등장한다. 그리고 『비극의 탄생』에서 니체가 보인 바그너에 대한 헌신과 『반시대적 고찰』을 쓸 당시에 이들을 지배하던 긴장관계가 『인간적인 너무나 인간적인』의 집필과 함께 파국적인 종언에 이르고, 그 내밀한 정황이 니체 말년의 저작들인 『바그너의 경우』와 『니체 대 바그너』에서 드러나고 있다는 것이 학계의 통설이다.

그러나 니체는 바그너 사후 2년이 지나고도 그가 인생에서 가장 사랑한 사람이 바그너였다고 고백하고 있다. "나는 그(바그너) 말고는 아무도 사랑하지 않았다. 그는 내 마음이 원하는 사람이었다." 바그너 사후 3년째인 1886년에 니체가 『비극의 탄생』 재판에 붙인 「자기비판의 시도」에서도 바그너는 "당대 최고의 인물"로 불리고 있다.

이미 1933년에 토마스 만(Thomas Mann)은 바그너 서거 50주년을 기념하며 뮌헨대학교 강당에서 한 연설에서 『바그너의 경우』와 『니체 대 바그너』 두 권의 책을 니체가 행한 또 다른 형태의 바그너 찬양으로 읽고 있다. 야스퍼스(Karl Jaspers) 역시 1935년에 이와 유사한 견해를 피력한 바 있다. 바그너가 니체에게 그의 사상적 편력의 전반기 뿐만 아니라, 그의 생애 마지막에 이르기까지 그 시대의 비교 불가능한 천재로 남았다는 주장이다. 그에 따르면 니체의 바그너 비판은 바그너 개인에 대한 비판이 아니라 시대비판의 의미를 지닌다.

창조적 인간의 가능성과 문화의 고양이라는 과업이 바그너와 함께 가능하다고 여겨지는 한, 니체는 바그너의 사람이자 자신의 시대에 속하는 자다. 그러나 최고의 인간과 고양된 문화의 실현이 바이로이트에서 실패했다고 판단한 이후로 니체의 작업은 자신의 시대에 속하지 않는 미래를 준비하는 일이 되고 만다. 니체 스스로 바그너와의 관계를 회고하는 유고의 한 절이 그 증거다.

> 리하르트 바그너에 관한 일: 그렇게 나는 1876년 여름의 실망을 극복하지 못했고, 작품과 인간에게 나타난 수많은 불완전함은 내게 갑작스럽고 너무나 커다란 일이었다: - 나는 그것으로부터 달려나왔다. 나중에 나는 이것이 예술가한테서의 가장 근본적인 분리며, 사람들이 자신의 이상을 바라보았다는 사실을 이해했다. (…) 그가 늙고 변했다는 사실은 내게는 아무 문제가 되지 않는다. (…) 나는 내가 알았던, 즉 아주 자유로운 인간인 지크프리트라는 인물을 고안했던 성실한 무신론자이자 비도덕주의자인 바그너만을 사랑했다. (전집 18권, 279-280쪽)

1876년에 무슨 일이 있었는가? 막대한 재원을 들여 4년간의 공사 끝에 완공된 바이로이트 공연극장에서 바그너의 음악극들이 상연된다. 니체는 이 모든 준비 과정을 함께 겪었고, 바그너가 거대한 양식으로 제시했던 음악극과 문화운동을 통해 이미 존재했던 위대한 그리스적 인간의 이상을 부활시키기를 꿈꿨다. 그래서 그는 바이로이트 축제를 "넓은 바다의 황량함이 지나고 마침내 발견된 하나의 항구"로 기대했었고, 이 축제가 바그너를 통해서 가능해진 것을 마법과도 같은 일이라고 적고 있다.

> 여기서 그대들은 예술가들의 헌신적인 희생, 최상의 연극, 승리를 거둔 모든 예술 활동의 총괄이라 할 수 있는 승리로 가득 찬 예술 작품의 창조자를 발견할 것이다. 지금 그러한 현상과 마주친다는 것은 거의 마법처럼 여겨지는 일이 아니겠는가? 여기서 함께 도와주고 참관하도록 되어 있는 사람들은 이미 변화되고 새로워졌기에 이제 더욱이 삶의 다른 영역들도 변화시키고 새롭게 만드는 것이 아니겠는가?(『바이로이트의 리하르트 바그너』, 32쪽)

그러나 정작 바이로이트 축제에서 니체가 발견한 것은 "황제의 도착, 축제가 열리는 장소와 바그너가 머물던 반프리트 하우스(Haus Wahnfried)에서의 그의 호화로운 생활, 강제된 코믹한 연출, 신화를 나타내는 무대장치의 엉성함, 들뜨고 자만에 빠지고 그 어떤 예술적 해방의 필요성도 느끼지 못하면서 단순히 예술적 이벤트에 모여든 무리들, 공연 후에 떼를 지어서 음식점으로 몰려가는 소동" 같은 야단법석에 불과했던 것이다(뤼디거 자프란스키, 『니체 그의 생애와 사상의 전기』, 162-163쪽). 『비극의 탄생』을 통해 니체가 웅장하게 그려냈던 아폴론적인 것과 디오니소스적인 것의 상보적 공생관계를 통한 비극과 신화의 부활, 그리고 이것을 기반으로 가능해지는 현존재의 심미적 정당화라는 형이상학적 시도는 그가 체험한 바이로이트 축제에서는 실현되지 못했던 것이다.

쇼펜하우어 철학의 구도 안에서 예술을 통해 인간을 내적으로 변화시키기를 원했던 공동의 꿈은 무산되었으며, 효과주의와 상품미학에 자리를 내주고야 말았다. 공연의 불은 꺼졌고, 마법은 거짓으로 드러나고 말았다. 바그너와의 실제적인 연합전선 역시 종언을 고하게 되었고, 니체의 과업은 이제 아직 도래하지 않은 미래와 미래의 인간을 향하게 된다.

✹ 동경의 대상인 친구의 이상을 사랑하기

물론 니체는 자신에게 아버지와도 같았던 천재와의 관계가 단절된 것을 슬퍼하고 있다. 그러나 그는 그 단절에서 좌절하지 않고 그들이 가졌던 우정에 새로운 의미를 부여하고 정신적 해방과 확장의 길을 걷는다. 실로 니체는 충분히 건강한 생명체가 그러듯이 모든 관계에서 좋은 것만을 수확하고 독과 고통마저 자기 삶의 자양분과 촉진제로 삼는다.

차라투스트라는 친구를 사귈 때, 동경의 화살이 될 사람을 찾으라고 권한다. 고상한 청년은 무엇을 동경하는가? 그는 자기에게는 없고 친구에게는 있는 것, 자신을 넘어선 것을 동경한다. 그는 자신의 결핍을 넘어 부쩍 자라기를 원한다. 모든 영역에서 위버멘쉬가 되기를 원한다. 결국 그는 자신을 능가하는 자만을 친구로 삼아야 한다. 아니면 최소한 친구 안에서 극대화한 그의 이상을 볼 줄 알아야 하고, 동경의 대상인 그 이상(理想)을 사랑해야 한다.

니체가 바그너 안에서 끝까지 버리지 않고 사랑한 것이 바로 그것이다. 1883년 2월 13일, 바그너가 죽었을 때 니체가 미망인 코지마 바그너에게 보낸 조문 편지는 남아 있지 않다. 하지만 유고로 남은 조문 편지의 초안에서 니체는 바그너의 죽음에도 불구하고 영원히 죽지 않을 하나의 이상에 대해서 쓰고 있다.

> 저 인간(바그너)의 사랑을 넘어서 저는 그의 희망이 생각해냈던 최고의 것을 이해했습니다. 저는 그것에 헌신했고, 죽지 않을 이 최고의 것에 저와 제 이름이 영원히 속할 것입니다. (1883년 2월 중순, 라팔로)

이 죽지 않을 최고의 것은 바그너의 인간적인 면모들이 걸림돌이 되었을지라도 영원히 기념비로 남을 바그너의 문화적 이상이고 니체 스스로 여전히 그것의 힘의 유효함을 믿고 있는 이상이다. 니체는 그 이상이 늙어가던 바그너와 구분되기를 원했고, 그의 죽음 후에도 자신이 계속해서 후계자이기를 원했고 기념했다. 바그너의 이상은 그의 희망처럼 유약하고 지친 늙은 바그너와 구분되어야 마땅하다.

젊었을 때 자신이 동경했던 바그너의 이상이 가진 힘은 여전히 니체를 밀고 가는 힘이다. 설령 바그너의 실상이 그 이상에 미치지 못했더라도 그가 바그너를 통해 진정한 문화의 의미를 수령했고, 여전히 높은 문화의 달성과 상승하는 삶을 위해 복무하고 있다는 사실은 변함이 없다. 그가 한 편지에서 고백하듯이 바그너의 무조건적인 추종자였던 니체는 이제 그의 조건적인 추종자가 된 것이다. 바그너와의 긴밀했던 교제의 시절을 다 인정하지만 이제 니체는 바그너보다 더 높은 것, 즉 바그너의 이상만을 보게 된 것이다. 니체는 바그너와의 우정을 우주적인 차원에서 생각한다.

> 별들의 우정 - 우리는 친구였으나 소원한 사이가 되었다. 하지만 그것은 당연한 일이며, 그것에 부끄러움을 느끼는 척하면서 그것을 숨기거나 애매하게 덮어두고 싶지는 않다. 우리는 각각 나름의 목표와 항로를 지닌 두 척의 배와 같다. (…) 아마도 우리의 서로 다른 길과 목표라는 작은 항로들을 그 안에 포괄하는, 우리의 눈에 보이지 않는 거대한 곡선과 별과 궤도가 존재할 것이다. 이러한 생각에 이르도록 우리를 고양시키자! 하지만 저 숭고한 가능성의 의미로 친구 이상의 존재가 되기에는 우리의 삶은 너무 짧고, 우리의 시력은 너무 미약하다. 그러나 우리가 비록 지상에서 적일 수밖에 없다 할지라도, 별들의 우정을 믿기로 하자! (『즐거운 학문』, 258-259쪽)

"별들의 우정"으로까지 고양된 니체의 생각에는 이전의 분노와 슬픔을 극복하고 자신이 지나온 지점과 상대를 객관적으로 바라볼 수 있게 된 자의 의연한 모습이 보인다. 그는 건강하고 상승하는 문화라는 공동의 이상을 통해 보다 큰 차원에서 여전히 존재하는 우정을 염두에 두고 있다. 다른 사람들에게는 관계의 단절로 보였던 것이 니체에게는 공동의 이상에 더욱 충실하게 남고자 행한 정신적 해방이자

극복이었다. 자신이 하나가 되고 하나로 모아질 수 있기 위해 스스로 학자를 비롯해 여러 가지 것이 되어보았고 많은 곳에 있어 보았노라고 고백했던 니체에게는, 바그너주의자와 문화운동가로 보냈던 시절의 바그너와의 교제 역시 철학의 여정에서 만났던 버릴 수 없는 복된 행운일 뿐이다.

"니체와 바그너의 관계는 단순한 우정이 아니라 시대와 이상을 둘러싼 투쟁이었다. 그는 바그너의 인간적 결함을 넘어 그의 문화적 이상을 끝내 사랑했고, 그 힘을 자신의 철학적 여정의 자양분으로 삼았다. '별들의 우정'이라 부른 이 관계는 단절이 아니라 더 큰 미래를 향한 해방과 극복의 계기였다."

Nietzsche

5장

생존을 넘어 새로운 가치를 잉태하라

인간은 환경의 지배를 받는 존재다. 그러나 인간은 단순히 적응하는 데서 멈추지 않고, 스스로의 힘으로 환경을 바꾸며 더 나은 삶을 모색한다. 기후와 지형이 다른 곳마다 문명이 피어난 것도 이 때문이다. 인간은 생존을 위해 환경에 적응하면서도 동시에 생존을 넘어 새로운 가치를 향해 환경을 조형해왔다.

그 조형력은 자연의 경계를 넘어 교육과 제도, 교양의 형성으로 이어진다. 교육은 단순한 생존 기술을 넘어 인간을 성숙하게 하고, 제도는 인간을 억압하는 장치가 아니라 건강한 성장을 가능케 하는 조건이 되어야 한다. 니체가 제도와 교육을 끊임없이 비판하면서도 끝내 포기하지 않은 이유는, 그것들이 새로운 가치를 잉태하는 토양이기 때문이다.

사랑 또한 마찬가지다. 사랑은 개인의 욕망을 채우는 감정이 아니라 새로운 생명을 낳고 문화를 확장시키는 힘이다. 안락만을 좇는 삶은 결국 자기 자신을 소멸시키지만, 사랑과 의지는 인간을 다시 살아 숨 쉬게 만든다. 삶은 단순히 젖과 꿀의 풍요로만 유지되지 않는다. 그것은 더 큰 도전과 결실을 향한 열정으로만 지속된다.

그래서 니체는 끊임없이 사유를 강조했다. 사유는 단지 지식을 쌓는 행위가 아니라, 인간이 스스로를 넘어 더 큰 세계로 나아가게 하는 창조적 힘이다. 생존을 넘어 새로운 가치를 잉태하는 일, 그것이 니체가 인간과 인류의 미래를 향해 던진 가장 근본적인 요청이었다.

배움은 삶을
끝까지 키우는 씨앗이다

니체는 좋은 선생이었을까? 그는 15년을 학생으로 교육받았다. 처음 10년은 고전적인 방식으로 그리스와 라틴어에 중점을 둔 교육을 받았고, 그 후 5년간 대학교에서 고전 문헌학을 연구하며 이전의 교육을 심화했다. 니체는 라틴어로 전문적인 글을 쓸 줄 알았다. 그때나 지금이나 라틴어는 학자들만의 언어로, 죽은 언어다. 그는 라틴어나 그리스어로 편지를 쓴 적도 없다. 제대로 된 고전을 번역한 적도 없다. 그는 고전어 말고는 외국어를 말하지 못한다. 그리고 25세에 학위 없이 바로 바젤대학교의 고전 문헌학 교수가 되었다.

그가 교수로 지낸 기간은 얼마 되지 않는다. 1869년에서 1879년까지 10년 동안 교수로 있었고, 그나마 매 학기 전에 고지한 수업도 실제로 학생들에게 다 강의한 것은 아니었다. 그의 수업을 들은 학생들의 수도 많지 않았다. 물론 학생 수도 지금보다 훨씬 적었고 니체가 너무 젊어서였을지도 모르지만, 그의 수업을 들은 학생 수는 매 학기 채 열 명도 되지 않았다. 1872년에 『비극의 탄생』이 출간되어 문헌학계의 스캔들이 된 이후로는 수강생이 없어서 폐강된 과목도 있었고, 시력을 비롯한 건강상의 이유로 일찍 종강하거나 포기한 수업도 있었다. 후반부 두 학기는 건강 때문에 휴직했다.

문헌학 교수가 된 이후 니체가 실제로 중점을 둔 것은 고전 텍스트에 대한 문헌 비판적 연구가 아니었다. 한 문건의 진위를 판별하고 작가를 특정하며, 전승에 의한 원본 텍스트의 훼손 정도를 가늠하고 부분적인 문장들과 인용문들을 가지고 원본의 문맥을 복원하는 문헌학 본연의 일들은 그가 중점을 둔 연구나 교육의 내용이 아니었다. 그는 오히려 내용을 제대로 이해하고 거기에 철학적인 해석을 가하는 데 치중했다.

그는 좋은 선생이었을까? 요즘 대학교수들은 진로지도를 비롯해 갖가지 상담도 한다. 물론 그게 다 제자를 사랑하는 마음에서 우러나 하는 일은 아니다. 니체 시대에는 따로 학생상담이 없었다. 니체는 자주 아파서 휴직신청서를 냈다. 한 학생의 발전 과정을 장시간에 걸쳐 지켜보기 어려웠을 것을 감안하면, 이상적인 선생은 아니었던 것 같다.

✸ 스승은 난간이 되어야 한다

좋은 선생이란 어떤 선생일까? 학생 입장에서 생각하면 무조건 훌륭한 학자라고 해서 좋은 선생은 아닐 것이다. 자신만의 개념을 만들거나 시대를 앞서는 탁월한 이론을 만드는 학자는 세계적인 학자일 수 있다. 그렇다고 그가 동시에 지식의 세심한 전달자 역할이나 학생을 육성해 발전시키는 교수자의 역할을 꼭 잘하는 것은 아니다. 이상적인 경우라면 가르치는 자가 교수법과 학문적 성취 모두에서 탁월한 사람일 수 있지만, 어디 그런 일이 흔하겠는가? 공부를 별로 못 한 학자는 가르칠 게 없어서 수업에 태만할 수 있다. 그리고 공부를 너무 많이 한 늙은 학자는 공부하다 지쳐서 가르치는 일에 열의를 내지 않을 수도 있다.

가르치는 일은 힘들다. 준비도 많이 해야 하고, 몸 상태도 최상은 아니더라도 일정 수준에서 관리할 줄 알아야 한다. 학교 바깥에서 있었던 스트레스를 교실 안으로 가지고 들어가 풀려고 해서는 안 된다. 학생들의 몸과 영혼의 상태를 일별해 빨리 파악하는 것도 중요하다. 중요한 질문과 시간을 축내는 질문을 가려 그 중요도에 따라 다루는 것이 모두에게 도움이 된다. 내 경험에 의하면 고객이 배우고자 하는 열의가 없는 날은 너무 많은 것을 팔려고 시도하지 않는 것이 좋다. 이런 것을 다 알더라도 선생이 항상 이 모든 일을 행할 수는 없고, 또 그의 상태가 언제나 최상일 리는 없다.

신기한 일은, 선생의 상태와 무관하게 배우고자 하는 열의를 가진 학생은 항상 무엇인가 배우고 성장한다는 것이다. 스승은 난간이다. 가파른 산등성이를 오르는 계단이나 험준한 계곡과 깊은 물을 건너는 다리에 안전을 위해 설치하는 것이 난간이다. 모든 것이 분명하지 않고 위태로운 시절을 지날 때, 안전한 기댈 곳과 의지가 되는 존재가 선생이라는 말이다.

니체는 선생 말고도 아버지와 친구 역시 난간에 비유했다. 실제로 위기 상황에 난간이 생명을 구할 수 있을지는 모르지만, 난간이 거기 있다는 사실만으로도 우리는 불안을 떨치고 앞으로 나아갈 수 있다.

> 심연의 옆을 지나가거나 깊은 냇물을 나무다리 위로 건너가기 위해서는 난간이 필요하지만, 그것은 난간을 붙잡기 위해서가 아니라 - 왜냐하면 난간이 곧 사람과 함께 무너져버릴지도 모르기 때문에 - 시각적으로 안전하다는 생각을 얻기 위해서인 것과 마찬가지로, 사람들은 젊었을 때 무의식중에 그 난간의 역할을 분명하게 해줄 인물들이 필요하다. 그 인물들은 우리가 실제로 큰 위험에 처해 그들에게 기대려 했을 때, 사실 우리에게 도움을 주지 못할 것이다. 그러나 그들은 가까이에서 보호하고 있다는 안정적인 느낌을 준다. (『인간적인 너무나 인간적인 I』, 423쪽)

니체는 방금 인용한 단상에 '겉모습일 뿐이지만 붙잡을 수는 있는'이라는 소제목을 달아놓았다. 스승은 그런 것일지도 모른다. 자신의 보잘것없는 실력과 인격으로도 후속 세대의 의지를 달구고, 그들에게 더 앞으로 혹은 더 위로 나아가도 안전하리라는 믿음을 주는 난간 같은 자가 스승이다.

니체는 버팀목처럼 급류 가장자리에 서서 기도한다. 다음 세대가 더 높이 올라가서 지금의 인류보다 더 지혜롭고 안정된 지평을 열기를 바란다. 그러기에 좋은 스승은 제자가 자신 옆에 머물지 말고, 스승을 딛고 올라가 더 멀리 더 높이 가라고 그를 채찍질한다.

✸ '무지한 스승'이 만든 학생의 깨어남

우리는 프랑스 현대 철학자 랑시에르(Jacques Rancière)가 『무지한 스승』에서 소개하는 프랑스인 자코토(Joseph Jacotot)의 독특한 교육실험을 니체가 말하는 청년의 의지를 살려내는 교육의 현대적 예로 읽을 수 있다.

자코토는 정치적 망명을 통해 1818년에 루뱅가톨릭대학교 불문학 강사로 임명된 사람이다. 그는 네덜란드어를 몰랐고, 그의 학생들 대부분은 프랑스어를 몰랐다. 그는 통상적 의미의 교육, 즉 먼저 지식을 익힌 스승의 설명과 시연을 통한 지식의 전수라는 의미의 교육적 통념이 통하지 않는 상황에 처한 것이다. 이 난감한 상황에서 자코토가 한 일은 브뤼셀에서 출간된 프랑스어-네덜란드어 대역판 『텔레마코스의 모험』 1장의 반 정도를 학생들에게 외우게 하고, 네덜란드 번역에 의거해 학생들이 스스로 이해한 내용에 대해 프랑스어로 작문을 시킨 것이 전부였다. 이렇게 우연히 행하게 된 텍스트를 통한 독특한 방식의 교육은 예상외로 성공적이었고, 스스로 철자와 문법을 깨달아 간 학생들은 학기 말에 작가 수준의 문장을 구사하게 되었다.

스스로에게도 충격이었던 이 경험을 통해 자코토는 배움의 본질과 원형에 대해서 숙고하게 된다. 이를 통해 그가 깨닫게 된 사실은 우연히 무의식적으로 따라 하며 익히는 것이 바로 자연스러운 배움의 원형이라는 것이다. 어린아이는 모국어를 비롯해 문화의 기초를 구성하는 것들의 대부분을 이런 식으로 설명해주는 스승 없이 우연의 방법을 체계적으로 되풀이하며 배운다.

그러나 이 혼자 배우기는 엄밀한 의미의 독학과는 다르다. 학생이 자신의 지능을 사용하도록 일정한 틀 안에서 끊임없이 의지를 자극하는 스승 자코토가 거기 있었다. 그는 구하는 자가 그의 길을 가도록 유지하는 자이고, 주의하는 의지를 깨어 있도록 강제하고 강화하는 자다. 상황을 주의 깊게 보아야 하는 이유를 스스로 찾아 자발적인 수고와 노력을 마다하지 않는 자가 깨어 일어나게 만드는 일이 그가 할 일이다. 자신이 가르칠 바를 알지 못하면서도 배움을 가능하게 만드는 '무지한 스승'이라는 개념은 이렇게 탄생한다.

『무지한 스승』이라는 책은 새로운 사실을 알아야만 하는 어쩔 수 없는 상황과 이것을 타개하려는 의지만으로도 지성의 모험은 충분히 성공적인 길로 들어선다는 확신에 차 있다. 청년의 의지가 깨어나는 순간 자유정신의 자기극복과 새로운 계몽은 당당해진다.

✺ 니체의 평생교육은 오류에서도 배운다

니체는 30대 초반에 자신이 예순 살까지 지혜롭게 되기를 원한다고 쓰고 있다. 그는 수많은 학문을 차례로 습득해가며 해당 영역들 안에서 성장하고 그것들을 이해하고 또 그것들을 넘어서 볼 수 있는 것이 현명한 일이라고 생각한다. 한 지평 안에만 머무는 것은 아직 그것을 이해하지 못한다는 증거다. 그래서 사람은 반드시 종교와 예술을 이해해야만 하고 그것을 넘어서야 현명해진다. 또한 사람은 형이상학과 역사와 상대주의를 이해하고 넘어서야 한다. 그것이 니체가 그리는 평생교육이다.

타인의 교육이라기보다는 자신을 교육해 인류의 극점에 세우는 일이 니체가 삶을 흥미롭게 만드는 방식이다. 그가 철학뿐만 아니라 자연 과학을 비롯한 당대의 학문적 성과들을 자신의 것으로 만들려고 부단히 노력한 일은 주지의 사실이다.

> 사람은 반드시 큰 걸음으로 개체로서의 인류의 진행을 따라가야만 하고 지금까지의 목표를 넘어가야만 한다. 지혜롭게 되고자 하는 사람은 모든 체험된 것, 행복, 불행, 부정 등이 수단과 도움으로서 나타나는 개별적인 목표를 가진다. (전집 9권, 251쪽)

인류가 지금까지 겪어온 경험 전체를 자신의 것으로 만들고 그것을 넘어서는 것, 바로 이것이 니체가 생각하는 자기극복과 자기교육의 목표다. 이런 생각은 헤겔이 말하는 절대정신의 자기실현 과정을 연상시키기도 한다.

여기에서 이전 단계의 지식은 소멸하지 않고 현 단계를 넘어서고 변화시키는 자양이 된다. 설령 오류라고 할지라도 오래 체화된 그것은 인간의 한 부분을 강화한다. 그것을 파악하는 순간에 오류를 통해서라도 강화된 인류의 한 부분은 이제 현생 인류의 강건함과 비상을 위한 요소가 된다. 니체가 들고 있는 예는 종교가 건축에, 그리고 결과적으로 건축을 통해 문화의 상승에 이바지한 경우다.

> 만약 인간이 신을 위해 집을 짓지 않았다면, 건축가는 아직 요람에 놓여 있
> 을 것이다. 인간이 잘못된 가정(예를 들어, 영혼은 신체로부터 해방된다) 때문에 설정
> 한 과제는 최고의 문화 형태를 위해 동기를 부여했다. (전집 9권, 253쪽)

잘못된 가정이라도 거기에 근거를 두고 연마한 기술은 섬세해지고 완벽해질 수 있다. 중세가 지성을 기독교 도그마라는 일정한 틀 안에서만 움직이도록 강요한 덕분에 지성은 이전에 볼 수 없었던 미묘한 뉘앙스를 보게 되었고, 자유롭게 숨을 쉬기 위해 더 복잡한 미로를 파고 더 정치한 논증을 할 수 있게 되었다.

가둘 수 없는 정신을 가두려 댐을 높이 쌓았던 덕분에 흐르지 않고 고이기 시작한 정신은 결과적으로 더 큰 힘으로 새로운 시대를 열며 터지고야 만다. 협소한 인식의 지평 속에서 만들어진 부분적인 조각들도 그 지평 밖으로까지 자유로워진 정신에 의해서는 새로운 구조물을 위한 훌륭한 건축재료가 될 수 있는 것이다. 이념의 역사에서 발생한 협소한 개념들과 이미 깨진 정신의 구조물 사이에서 발견된 어떤 재료들은 다음 세대의 정신적 구조물을 만드는 데 유용하게 쓰일 수 있다.

> 궁핍한 인간이 삶을 구원하기 위해 매달렸던 개념의 거대한 들보와 판자들
> 은 자유로워진 지성이 자신의 가장 모험적인 예술작품에 사용할 수 있는
> 구조물이며 장난감일 뿐이다. (전집 3권, 459쪽)

신기한 일이지 않은가? 대단한 실력이 없는 스승은 거기 서서 주의 깊게 학생을 바라볼 뿐이다. 그는 제자를 신뢰하며 고개를 끄덕인다. 새로운 세대가 가는 방향이 의미가 있다고 미소 짓는다. 스승의 눈길로부터 불똥이 튀어 학생의 의지가 불붙는다. 그들이 만지작거리는 것은 단지 왕조의 유물이며, 역사의 파피루스이고, 과거의 설계도일 뿐이다. 그러나 선생을 믿고 의지하며 세월을 견딘 그들은 더 이상 궁핍한 인간이 아니다. 그들은 과거의 것들을 부수고 뒤섞어가며 가지고 놀면서 자신들의 새로운 나라와 새로운 시대를 건설한다. 지난 세기의 죽은 이념으로부터 금세기로 전기줄이 팽팽해진다. 전기가 흐르고, 새로운 정신의 자유가 태어난다. 겉모습이라도 그럴듯한 선생들을 많이 만들어야 한다. 교육은 계속된다.

"니체는 모범적인 교수나 교육자는 아니었지만, 그에게 교육은 멈추지 않는 자기극복의 과정이었다. 그는 오류와 한계 속에서도 배우고 넘어서는 일을 평생의 과제로 삼았다. 좋은 스승은 완벽한 지식인이 아니라, 제자가 더 높이 나아가도록 믿음을 주는 난간 같은 존재다."

나는 공산당이 싫어요…. 민주주의도요!

공산주의와 민주주의는 적절하게 배치된 대립 개념일까? 학계에서는 통상적으로 정치 제도적인 면을 비교할 때 민주주의(Democracy)와 사회주의(Socialism)를 나누고, 경제 제도적인 면에서는 자본주의(Capitalism)와 공산주의(Communism)를 나눈다. 그러나 한국 사람들 대부분은 공산주의의 반대가 민주주의라고 생각한다.

20세기 한국에 쌓인 문화적 상징 중 하나가 이승복이 1968년 무장공비 앞에서 말했다는 저 문장이다. "나는 공산당이 싫어요!" 저 말을 외치고 그는 대검으로 입이 찢겨 살해되었다 한다. 그래서 한국인들은 종북좌빨이라는 낙인이 자신에게 찍히는 것을 두려워했고, 종북좌빨이라는 낙인을 마음에 들지 않는 사람이나 혹은 정치적 적대자에게 찍으려는 전략을 잊어버리지 않는다.

종북좌빨! 북한을 추종하는 좌파 빨갱이. 그나마 다행인 것은 대한민국의 보수당 색깔이 언제부터인가 빨간색이고, 민족대학 고려대학교가 선홍색인 크림슨을 학교의 상징으로 정착시킨 일이다. 이제 최소한 빨간색은 살아남은 것으로 보인다.

우리 이야기로 돌아가보자. 니체는 이 개념들을 제대로 구분하고 쓴 것일까? 1848년 니체가 네 살 때, 마르크스와 엥겔스가 공산주의 선언을 발표했다. 노동자 계급의 혁명을 통해 성립된 강력한 정부가 국가의 모든 생산수단을 독점해 경제를 통제하고 시민들에게 필요한 것을 분배하겠다는 경제 제도가 공산주의다. 그 이전에, 산업혁명의 폐해를 막기 위해 생겨난 사회주의의 급진적인 버전이 공산주의다.

자본주의는 '시장주의, 자유주의'라는 개념으로 대체되기도 한다. 이러한 개념들은 자본주의의 여러 측면 중 한 가지를 내세우며 본래의 개념을 희석시킨다. 그렇지만 자본주의 및 그 유사 개념들은 모두 정부 통치를 최소화하고 자유로운 시장 안에서 자산의 소유와 분배 그리고 기업의 활동이 효율적으로 행해지기를 바라는 제도를 가리킨다.

민주주의는 어떤가? Demos, 즉 무리가 통치한다(cratia)는 그리스의 고전적 의미에서라면 몰라도, 현대적 의미의 민주주의는 니체에게는 낯선 이념에 불과하다. 현대적 민주주의가 표방하는 평등한 참정권, 언론·집회·거주·결사의 자유, 3권의 분리 등을 충족시키는 민주주의는 니체의 생전에는 존재하지도 않았다.

우리 시대의 자본주의와 민주주의를 통해 나타나는 현대성의 장단점은 니체 시대의 유럽에서는 뚜렷한 모습을 보인 적이 없다. 그때까지 유럽에서는 여성에게 선거권이 주어진 적이 없었고, 진정한 의미의 3권 분립은 아직 넘을 산이 무척 많은 상태였다. 독일에서는 비스마르크의 철혈정책이 성공을 거두고 있었고, 니체가 『비극의 탄생』을 쓰고 있을 때 빌헬름 1세가 점령지인 프랑스의 베르사유에서 독일제국의 황제로 등극한다. 니체는 새로운 제국의 건설을 불안하고 냉소적으로 관망한다.

✹ 19세기의 유럽, 초국가적 인간의 탄생

니체는 단지 19세기의 유럽에서 나타나는 어떤 기이한 움직임을 포착하고 이것을 "유럽의 민주화 운동"이라고 명명했을 뿐이다. 그리고 그는 이것을 풍토와 신분을 통해 제약을 받은 인종이었던 유럽인이 그 제약에서 풀려나 서로 닮아가는 거대한 생리학적 과정으로 진단한다.

'생리학적'이라는 말은 말 그대로 바뀐 환경 때문에 인간의 몸과 생각 전체가 총체적으로 달라진다는 의미다. 그렇게 환경이 바뀌기 전까지는 생각할 수 없었던 인간의 유형이 만들어지는 과정이 바로 니체가 당시의 유럽에서 주목한 생리학적 과정이다. 조금 긴 인용문이지만 천천히 읽어보도록 하자. 새로운 사태라지 않는가!

> 오늘날 유럽인의 특징으로 구하게 되는 것을 이제 '문명' '인간화' 또는 '진보'라고 불러보자. 칭찬하거나 비난하지 말고 정치적 문구를 빌려 이를 간

단하게 유럽의 민주화 운동이라고 말해보자: 그러한 문구로 표시되는 모든 도덕적·정치적 전경의 배후에는 점점 더 도도히 흐르려는 어떤 거대한 생리학적 과정이 진행되고 있다. - 이는 유럽인들이 닮아가는 과정이며, 풍토적으로나 신분상으로 제약된 인종을 발생시키는 여러 조건들에서 유럽인이 점차 해방되는 과정이며, 그들이 수세기 동안 동일한 요구를 심신에 새겨 넣고 싶어 했던 모든 특정 환경에서 점차 독립해간다는 것이다. - 그러므로 생리학적으로 말해, 최대의 적응술과 적응력이 전형적인 특징인 본질적으로 초국가적이고 유목민(노마드)적인 종류의 인간이 서서히 나타나고 있는 것이다. 생성되어가는 유럽인이라는 이 과정은 커다란 반동이 있어 속도가 지체될 수도 있지만, 아마 바로 이 때문에 격렬함과 깊이를 얻게 되고 이러한 것들은 증대 발전하게 될 것이다. (『선악의 저편』, 239쪽)

언어가 세월에 따라 나뉘고 달라지는 것은 높은 산악이나 큰 강이나 바다가 가로막아서 서로 왕래하기 어렵기 때문이기도 하다. 자연적인 지형이 사람들과 민족들을 격리하고 일정한 사람들만을 한곳에 모으면, 이제 그들은 경계 지어진 지역 안에서만 살면서 그 외의 지역 사람들과는 확연히 구별되는 언어와 습속과 특성을 만들어간다. 북방 민족과 남방 민족은 음식과 주거의 형태가 다르고, 그 결과 성격마저 완연히 달라진다.

그러나 산업혁명과 이 시대 유일한 혁명이라는 평을 받기도 하는 속도의 혁명을 통해 인간은 지구를 말 그대로 하나의 마을, 지구촌으로 만들었다. 이제 한 가족의 성원들이 다른 나라에 살면서도 그 유대를 지속하는 일이 가능해졌다. 그 결과 인간은 이제 약간 과장하면,

같은 농장에서 생산한 한 판의 달걀들처럼 비슷해 보인다. 도토리들을 구별하기 힘든 것만큼이나 현대인은 어느 정도 다 닮아 있다.

✺ 평준화 속의 고유성

　인간이 서로 비슷해지는 것이 왜 문제인가? 국가의 경계가 흐릿해지고, 타국의 언어를 이해하는 자가 늘어나고, '세계시민'이라 자부하는 교양인의 숫자가 늘어만 간다. 세계 어느 곳에 있든지 더 이상 크게 낯선 것이 없는 세상에서 지구는 점점 동질의 공간으로 작아진다. 서로가 서로의 욕구와 능력을 이해하는 정도가 커가면 커갈수록 상대적으로 분쟁과 전쟁의 위험도 줄어들 것이고, 인간은 평화롭게 더 본연의 일에 몰두할 수 있지 않을까?

　이제 어디서건 인간은 다 같은 나이에 학교에 들어가서 비슷한 직능을 취득하고, 비슷한 나이에 취직하고 결혼하고, 비슷한 집에서 비슷한 이성과 살며, 비슷한 음식을 먹고, 비슷한 문화를 소비하고, 비슷한 아이들을 기르다가, 용도가 다하면 비슷한 시설에서 비슷한 죽음을 맞는다. 원래 그런 것이 아닌가? 정상적인 삶이란 통계로 잡히는 삶이 아니던가? 진실한 행복이란 평범한 일상의 반복에 있다지 않던가?

　평준화되고 평범해지는 유럽인, 니체의 말을 빌리면 그렇게 서로를 꼭 닮은 현대인은 "유용하고 근면하며 다양하게 써먹을 수 있는 재주 있는 무리 동물적 인간"이다.

그런데 왜 니체는 우리 각자가 일반적 존재나 종적인 존재가 아니라 유일무이한 존재(Unicum)라는 것을 특별히 강조하느라 애를 쓰는가? 세상에 어떤 풀꽃 하나라도 다 유일무이한 것을 왜 굳이 인간에 와서야 그것이 특별히 강조해서 말할 사실이 되는가? 내 책을 읽고 있는 당신이 바로 인류의 미래를 책임질 특별한 존재라고 반복하며, 심지어 그러기를 강요하고 있는 것 같은 니체는 누구 하나라도 정말 유일무이한 존재가 되기를 강박적으로 바라는 것 같다.

☀ 평등이 낳은 획일성

니체가 염려하는 것은 인간의 획일화다. 그는 표준 교육을 통해 국가가 공장이 되고, 인간이 나사가 되는 현대를 묘사한다. 실제로 20세기의 이미지를 표상하는 데 나사만 한 상징은 없다.

정확하게 기능하는 효율적인 기계의 한 부품으로써 나사는 일반화한 현대인의 불안한 위상을 정확히 그려낸다. 공장의 편에서 생각하면, 나사가 된 인간은 기능의 특화를 통한 분업의 발달을 가능하게 하고, 비용 절감과 효율성의 증대를 가져온다. 게다가 매년 수십만의 새로운 나사가 양산되어 사회에 쏟아져 들어오고, 될 수 있으면 기꺼이 대형 기계에 접속되기를 원한다. 언제고 필요한 곳에 어떤 나사를 끼우더라도 새로운 나사는 더 저렴하다. 그리고 더 정확하게, 더 열심히 돌아간다.

니체는 물질적인 욕구에서부터 욕망과 취향과 이상에 이르기까지 남과 같아지기를 추구하고, 오로지 소시민적 안락을 위해서만 모든 실존적 에너지를 낭비하는 현대적 삶의 획일성을 경계하는 것이다. 같은 맥락에서 사회주의자는 니체가 가장 미워하는 현대적 천민이다. 궁핍한 자들을 사슬로 연결해 영속시키려 한다는 점에서 사회주의자의 이상은 인류를 병들게 한다.

비스마르크의 독일제국의 설립과 함께 유행처럼 나타난 국가 찬양과 소시민적 안락함의 추구 역시 니체에게는 천박하게 변한 문화적 결함의 징후이며, 제국을 위해 정신이 적출된 징후일 뿐이다. 민주주의건 사회주의건 인간을 획일화한다는 점에서 그것은 니체에게 동일한 '불온한 이념'일 뿐이다.

니체의 사회주의와 민주주의 비판은 단순한 제도의 비판이 아니다. 그것은 제도의 비판인 동시에 현대적 이념들이 품고 있는 공통의 가치인 평등이라는 개념이 인간의 발전이라는 측면에서 가진 한계를 드러내는 문화비판이다. 사회주의건 민주주의건 평등을 말하는 현대적 이념 전체는 니체에게 무리 동물의 도덕을 대변하는 것이다.

> 우리에게는 민주주의 운동이란 정치 조직의 타락 형식일 뿐만 아니라, 인간의 타락 형식, 즉 왜소화 형식으로, 평균화와 가치 하락으로 생각된다. (『선악의 저편』, 163쪽)

> 인간의 전체적인 퇴화는, 오늘날 사회주의적인 우둔한 자나 멍청이에게 그들의 '미래의 인간'으로 - 그들의 이상으로! - 나타나는 데까지 내려가며, 인

간이 이렇게 완전한 무리 동물로 (또는 그들이 말하는 것처럼, '자유사회'의 인간으로) 퇴화하고 왜소화된다는 것, 이렇게 인간이 평등한 권리와 요구를 지닌 왜소한 동물로 동물화된다는 것은 가능하다. (『선악의 저편』, 165쪽)

사회주의건 민주주의건 이제 젊은이는 집단적인 교육을 받는다. 집단교육은 획일적인 정신을 양산하기에 유용한 장치다. 그것은 한 사회가 믿고 따르는 이념을 청년의 의식 안에 재생산하고, 현실의 요구에 맞춰 다음 세대의 능력을 재단하는 일에 효율적인 장치다.

근대교육이 이렇게 행해지는 한, 자유 진영이건 사회주의 진영이건 전체주의 진영이건 그 본질에 있어서는 '인간은 평등하다'는 이념만이 확대되고 재생산될 뿐이며, 동일한 소시민적 욕구를 충족시키려는 열망만이 길러질 뿐이다. 그리고 그 결과 다른 실존의 형식을 꿈꾸는 젊은이, 자기가 도달해 실현할 가능성의 최대치를 생각하는 젊은이는 줄어만 간다. 니체가 『차라투스트라는 이렇게 말했다』에서 그려낸 '마지막 인간'이 바로 평화롭고 현재에 만족한 세계시민이다.

✸ 간극의 열망을 키우고, 자유정신을 기르자

이러한 인간의 획일화와 왜소화라는 문제를 해결하고자 니체가 내세우는 해법은 거리의 파토스를 키우고 인간의 위계질서를 확립하는 일이다. 자유정신을 육성하는 일이다. "가장 대담하고 생명력 넘치며 세계를 긍정하는 인간의 이상"을 바라보는, 강하면서도 섬세한 자들을 길러내는 일이다.

니체는 교육의 민주주의가 문화 하강의 주범이라고 외친다. 인간이 평등하다는 생각을 빨리 깨고, 인간은 다른 인간과 전적으로 다르다는 사실을 깨닫게 하는 것이 이 우울한 '마지막 인간'의 시대를 벗어나는 길이다.

니체가 숫자를 중시하지 않고 높이 바라보고 멀리 가는 엘리트 교육을 강조하는 이유는, 자신의 이상을 세우고 살아가는 의미 있는 인간들을 통해서만 인간의 유형이 향상되기 때문이다. 그들을 통해서 새로운 가치가 창조되고 더 주권적이고 강하며 고귀한 종이 자라나기 때문이다.

사회주의자가 꿈꾸는 이상 국가, 즉 유복한 삶이 모두에게 영원히 보장되는 완전한 국가는 위대한 지성과 강한 개체가 성장할 토양을 훼손할 것이라는 니체의 예언은 모두가 가난하게 살자는 얘기가 아니다.

그는 삶의 강제적이고 격렬한 성격, 즉 활력이 제거되면 인간 전체가 유약해지리라고 경고한다. 위대한 지성과 강한 개체라는 활력이 살아 있어서 그들의 힘으로 만물이 요동치는 세상, 정말 살아 있다고 느낄 수 있는 세상이 니체가 꿈꾸는 미래다.

그런데 주변을 둘러보자. 100년도 더 지난 니체의 진단은 여전히 예리하다. 사람들은 점점 모가 나지 않고 동글동글 예쁘게 닮아간다. 위험을 시야 밖으로 떨어내는 사회적 기술들은 더욱 세련되어져가고, 보이는 곳마다 번지르르 광이 난다. 더욱 기이한 일은 이제 사회주의와 민주주의, 자본주의와 공산주의마저도 서로 닮아간다는 사실이다. 아, 모든 곳에 도토리만 보이고, 인간은 인간을 지루하게 만들기만 하는가?

"니체에게 민주주의와 사회주의는 모두 평등의 이름으로 인간을 획일화하는 이념이었다. 그는 표준화된 교육과 집단적 안락함 속에서 인간이 '마지막 인간'으로 퇴화할 것을 경고했다. 오히려 인간의 차이와 위계를 긍정하고 자유정신을 기르는 길만이 새로운 가치를 창조하는 힘이 된다고 보았다."

건강한 사랑은 결실을 낳는다

사랑하면 결과가 있기 마련이다. 건강한 사랑은 건강한 결과물을 낳는다. 어떤 이유에서건 건강하지 못한 사랑도 쌓인 충동을 방출하며, 가능한 힘을 비축하고 생명을 이어간다.

사랑은 생명이 발현되는 현상이다. 생명의 길은 성장이 막히면 힘을 다해 뚫고, 역부족이면 돌아가거나 상황이 나아지기를 기다린다. 다른 힘과 잠시 연합할 기회가 생기거나, 기다림중에 힘이 비축되어 재기를 노릴 수도 있다. 고여서 썩는 것은 생명이 가는 길이 아니다. 때로는 한 번 발현했던 생명의 모습과 특성은 세대를 넘어서라도 전해진다. 격세유전은 힘을 전하는 생명의 한 방편이다.

플라톤의 대화편 『향연』에서 소크라테스에게 사랑의 의식에 입문하기를 권하는 여사제 디오티마는 사랑이 죽을 자들이 불사에 참여하는 방식이라고 설명한다. 사랑은 육체적으로나 정신적으로나 아름다운 것 속에서 무엇인가를 낳는 것이다. 즉 시간과 함께 늙어가고 결국에는 세상을 떠나가는 자가 자신과 닮은 새로운 개체를 남겨 생명을 전해 보존하는 것이 사랑이 가는 길이라는 것이다.

그리고 이 사랑에는 몸에 의한 출산과 영혼에 의한 출산의 두 가지 방식이 있다. 생식과 출산과 양육과 성장을 통해 죽을 수밖에 없는 존재는 아름다운 이성과 결합해 자신과 닮은 아이를 낳음으로 생명의 불멸성에 참여한다. 반면에 영혼으로 임신하는 자들은 사려 깊음과 탁월함을 임신해 불멸의 자식들을 남긴다. 디오티마는 이러한 영적인 출산의 예로 호메로스와 헤시오도스의 작품들과 솔론의 법을 들고 있다. 그것들은 위대한 작가들이 남긴 영원한 후손들로, 자신들을 출산한 자들에게 불멸하는 명성과 기억을 가져다준다.

❋ 후손을 가지는 것이 인간을 교육한다

니체도 후손을 낳기를 원한다. 후손에 대한 니체의 관심은 크다. 그는 느릴지라도 부단히 전진하는 운동과 전통을 세우기를 원하고, 오래 자라야 하는 참나무를 심어 기른다. 이 모두 훌륭한 후손을 위한 배려다.

명료한 의식 상태로 훌륭한 자손들이 지켜보는 앞에서 삶과 결별하는 것은 행복한 자연 상태에 어울리는 품위 있는 일이다. 꺼져가는 시선으로 자신보다 더 아름답고 당당한 후손을 바라보는 자의 삶은 공허하지 않다.

내가 평생을 통해 잡아 일군 한 줌의 육지가 후손에게 더 좋은 항구를 발견할 기회가 되리라는 믿음과 희망이 그의 죽음을 존엄하게 만든다. 우리는 일하는 것을 즐기고, 사업을 즐기고, 도전을 즐긴다. 따라서 일자리는 물론이고 삶에서 물러난다는 생각이 마음에 들 리가 없다. 그러나 우리는 경쟁자에게서 밀려나는 것이 아니다. 우리를 밀어내는 사람은 내가 사랑하는 아들이라는 것, 이것이 자연이 비장해놓은 마지막 패다. 후손이 우리보다 더 나은 자일 때 우리는 기꺼이 설득당한다.

후손을 가지는 것은 인간을 교육한다. 교육이라는 말이 가지는 최선의 경우가 자신의 생명을 후대에 넘겨주는 일을 통해서 실현된다. 나를 넘어 살아남는 것을 만드는 일은 나의 삶에 방향을 정하는 효과를 가진다. 위대함의 씨는 그렇게 뿌려진다.

> 후손을 가지는 것 - 이때야 비로소 인간은 연속성이 있고, 관계를 맺고 살며, 포기할 줄 아는 능력이 생긴다: 이것이 가장 좋은 교육이다. 아이들을 통해 교육받는 이들은 항상 부모들이다. 그것도 모든 의미에서의 아이들을 통해, 즉 가장 정신적인 의미에서도 마찬가지다. 우리들의 저작과 학생들이 비로소 우리의 삶이라는 배에 나침반이 되고 커다란 방향을 정해준다. (전집 12권, 703쪽)

육체적인 출산과 정신적인 출산 중에서 니체가 선택한 것은 후자다. 그는 거기서 자신이 단성생식을 행한다는 것과 동시에 어머니와 아버지가 된다는 사실을 알고 있다.

> 육체적 후손과 정신적 후손 가운데 한쪽을 선택할 때, 후자를 위해 검토해야 할 것은 어머니와 아버지가 한 인물 속에 있다는 것, 그리고 태어난 아이에겐 교육이 필요한 것이 아니라 단지 세상 속으로의 편입만이 필요하다는 것이다. (전집 9권, 86쪽)

다윈을 경험한 근대인으로서 후세에 대한 니체의 생각은 유전과 진화에 관한 생각으로 연결된다. 유전에 대한 니체의 생각을 살펴볼 수 있는 단상들이 있다.

> 나쁜 기질의 유래. - 많은 인간들의 기질에 포함된 올바른 판단력과 일관성의 결여 및 그들의 칠칠치 못함과 무절제함은 그의 선조들이 범해온 수많은 논리적인 부정확, 불철저, 성급한 추론의 궁극적인 결과다. 이에 반해 좋은 기질을 가진 인간들은 이성을 존중해온 신중하고 철저한 종족들의 후손들이다. 이 경우 [이들이 이성을 존중한 것이] 칭찬할 만한 목적 때문인지 아니면 나쁜 목적 때문인지는 별다른 문제가 되지 않는다. (『아침놀』 257쪽)

나중에 종(種)이라고 불리는 유사한 존재들의 보존에 도움이 되는 기질들이 유전되면, 그 기질의 배양이 무슨 목적 때문에 행해졌는지와 상관없이 그 종의 보존에 행운이 된다. 오류일지언정 살아남은 유용한 것들은 후대인에게 삶의 조건이 되어 계속해서 번영의 기초가 된다.

✹ 정신의 종두법과 면역주사

다윈의 적자생존에 대한 니체의 반론은 정신의 종두법이나 면역주사를 통한 강화를 연상시킨다. 그에 따르면 다윈의 적자생존이론은 종족의 진보와 강화를 해명하는 명쾌한 답이 아니다. 오히려 도달해 정착된 힘이 증대되는 동시에 퇴화해가는 다른 본성을 정착된 힘에 접종하고, 그로 인해 강해진 힘이 그 감염을 견디며 더욱 고상해지고 강화되어가는 것이 니체가 그리는 진화의 길이다.

니체는 생명이 확고해지면 상처와 약점은 이제 오히려 도약의 수단으로 이용될 수 있다고 생각한다. 그리고 그는 이것을 교육에서 실현할 수 있을 것으로 생각한다.

> 개별적인 인간의 경우, 교육의 과제는 전체적인 인간으로서의 그가 더 이상 자신의 궤도에서 벗어나지 않도록 그를 확고하고 확실하게 일으켜 세우는 일이다. 그러나 그 후에 교육자는 그에게 상처를 입히거나 아니면 운명이 그에게 입힌 상처를 이용해야 한다. 그리하여 고통과 욕구가 생겨나면, 그 상처 입은 부분에 새롭고 고상한 그 어떤 것이 접종될 수 있는 것이다. (『인간적인 너무나 인간적인 I』, 226쪽)

그러니까 니체는 상처를 극복하는 능력을 가진 후세를 만들기 위해 노력한다. 그는 단순히 후세를 낳기를 원하는 것이 아니라 지금보다 나은 후세, 현재의 가장 최고봉을 넘어선 후세를 낳고자 한다. 인류가 아래로만 생식하지 말고 위로도 생식해야 한다는 니체의 권고가 의미하는 것이 바로 이것이다.

부단히 나를 넘어가고 내 안의 짐승에서 벗어나자. 내가 저열한 인간이면 후손들 역시 저열한 존재가 될 것이다. 인류의 개선이라는 측면에서 생각해, 니체는 병자와 범죄자에게 자손 번식을 인정해서는 안 된다고까지 주장한다.

진리가 무엇인지에 대한 세부적인 논의에도 불구하고, 철학자는 무엇보다도 진리를 위해 사는 자다. 철학자에게 필요한 첫째 조건으로 니체는 "불굴의 거친 남성다움"을 꼽는다. 그는 생활고의 비천함에 굴하지 않으며 지위나 명예를 위해 성격의 순수함을 희생하지 않는다.

진리를 위해 생명을 바치기로 한 사람은 특정한 국가에 복무하는 것이 아니라 진리를 존중하는 것을 최우선적인 의무로 삼는다. 게다가 철학에 미친 자는 정치적 광기에 낼 시간과 여유가 없기 마련이다. 현실 국가의 업무도 최소한으로 정한다. 국가의 본업은 외부와 내부의 힘을 방어해 문화의 틀을 마련하는 것이다. 외세의 힘과 그것을 방어하는 자들의 힘을 견제하는 것 이외에 문화의 틀로 기능하는 국가가 할 일은 따로 없다는 것이 니체의 확신이다.

> 정치인이 아닌 사람들이 정치를 걱정해야 한다면 그 국가는 제대로 된 국가가 아니며, 이 국가는 이 많은 정치인들로 인해 파멸해도 할 말이 없다.
>
> (『반시대적 고찰』, 474쪽)

니체는 국가와 국가의 의무를 얼마나 간단하게 취급하는지가 한 사람의 정신적 우월함을 나타내는 기호로 간주되어야 한다고 믿는다. 모두가 정치에 신경을 써야 할 정도로 한 나라의 힘이 남용되고 있다면, 거기서 제대로 된 문화가 성숙할 리 만무하다.

❋ 자식이 없는 자는 정치를 해서는 안 된다

물론 인간이라는 상형문자를 푸는 섬세한 일에 복무하는 것과 비교했을 때 국가의 기능이 단순화되었더라도, 거기에 복무하는 자들은 분명히 있어야 한다. 니체가 실천적 입법에 종사하는 정치가들에게 요구하는 최소한의 필요조건 중에 하나는 의외로 '후계자의 생산'이다.

이것은 농담이 아니다. 오늘 우리가 만드는 법은 미래 세대에게 영향을 끼친다. 지금의 연금법과 실업률이 앞으로 한국을 떠맡을 젊은 세대에게 주는 부담을 상상해보자.

> 가진 것이 없는 사람들로 이루어진 사회가 상속권 폐지를 결정한다면 그것은 웃어야 할 일이다. 그리고 자식이 없는 사람들이 한 나라의 실천적 입법에 종사한다면 그것은 그보다 더 우스운 일이다. 그들은 미래의 대양으로 안전하게 돛을 펴고 나아갈 수 있을 만큼 충분한 무게를 그들의 배에 가지고 있지 않다. (『인간적인 너무나 인간적인 I』, 347쪽)

자식을 낳아 길러본 사람은 많은 것을 견딘다. 특히 교육비 부담이 크고 유교적 전통의 영향이 큰 한국 사회에서 자식이 자립할 때까지 부모의 희생은 끝 간 데가 없다. 많은 젊은 부부에게 터널의 끝은 희끗희끗한 귀밑머리가 보임과 함께 겨우 보인다. 그러나 그 긴 터널을 통과하는 과정에서 부모는 자기 삶이 연단되고 깊어지는 것을 알아간다.

가족에 대한 염려, 부양의 의무, 안전, 부부간의 상호 존중과 자식이 보이는 존경이 주는 무게 등은 심리적인 부담이다. 그러나 그것은 동시에 한 인간의 삶에 이전에는 없었던 힘과 품위를 발생시키고, 그의 행로에 뚜렷한 궤적과 안정을 주기도 한다. 니체의 말처럼 그것은 미래의 대양을 안전하게 헤쳐가는 바닥짐이다. 후세의 존재는 모든 결정에 있어 우리를 신중하게 만든다. 그래서 묵직한 가족의 항해는 웬만한 파도에 흔들리지 않는다.

니체의 학교에는 이렇게 쓰여 있다. '정치에 입문하는 자는 먼저 육아에 힘쓰라!' 믿어지지 않는가? 니체는 '부성(父性)의 정치적 가치'에 대해서 이렇게 쓰고 있다.

> 인간에게 자식이 없을 경우, 그는 개별적인 국가제도의 필요성들에 대해서 함께 논의할 충분한 권리를 가지지 못한다. 사람들은 스스로 자신이 가장 사랑하는 것을 다른 사람들과 함께 국가제도에 걸었어야 한다. 이것이 비로소 그를 국가에 확고하게 결부시킨다. 모든 제도와 그것의 변화에 대해 정당하고 자연스럽게 관여하기 위해서, 사람들은 자신들의 자손의 행복에 주목해야 하며 따라서 무엇보다 먼저 자손을 가져야만 한다. 좀더 높은 도

덕의 발전은 한 인간이 자식을 가지고 있다는 사실에 달려 있다. 이 사실은 그를 비이기적으로 보이게 한다. 또는 좀더 정확히 말해서 자신의 이기주의를 시간이 지속함에 따라 확대해, 그가 자신의 개인적인 삶을 넘어서서 진지하게 목표를 추구하게 만드는 것이다. (『인간적인 너무나 인간적인 I』, 363-364쪽)

"니체에게 사랑은 단순한 감정이 아니라 생명을 잇는 힘이다. 그는 육체적 출산보다 정신적 출산을 중시하며, 저작과 제자 속에서 불멸을 본다. 후손은 단지 아이만이 아니라 우리가 남기는 사상과 창조물이며, 그것이 인간을 교육하고 삶의 방향을 정한다."

안락만 좇는 삶은 스스로를 소멸시킨다

하나님은 바빌로니아 우르에서 별일 없이 잘살고 있던 아브라함에게 아버지의 땅을 떠나라 명한다. 그는 이제 지시된 땅으로 가야 한다. 그가 잠시 통과하며 약속의 땅이 그곳임을 인지하고, 이집트를 떠돌다 다시 돌아와 들어가는 이방의 땅이 바로 가나안이다. 그 곳이 아름답고 광대하며 젖과 꿀이 흐르는 약속의 땅인가?

아브라함이 실제로 머물게 되는 땅은 산간 지역인 헤브론이다. 이집트의 경계에서 유프라테스에 이르는 그 땅은 아주 오랜 후에야 아브라함의 후손에게 주어진다. 아브라함의 손자 야곱 시절에 이스라엘은 이집트로 들어가고, 그 후 400년이 지나서 하나님은 다시 모세에게 이스라엘 민족을 약속의 땅으로 인도하라 명한다.

✹ 생존에 연연하지 않아야 한다

　모래바람과 열사의 사막에서 사는 유목민에게 젖과 꿀이 흐르는 땅, 비옥한 대지에 대한 약속은 거기서 비로소 이상적인 인간적 실존이 가능해지는 축복의 약속으로 이해될 수 있다.

　젖과 꿀은 목축과 농경 문화를 대변하는 것들이다. 모세가 가나안에 파견한 열두 명의 정탐꾼은 가나안 땅으로부터 포도와 무화과와 석류를 채취해온다. 이것들은 이스라엘 민족이 점유하게 될 풍요한 땅을 증명하는 물질적인 증거다.

　그러나 먹고사는 것만이 문제라면 왜 견디기 힘든 사막의 대장정과 피를 흘리는 전쟁을 통해 새로운 땅으로 들어가야 하는가? 물질적 풍요는 이미 경험했던 일이다.

　40년의 광야 생활 동안 견디기 힘든 고난이 올 때마다 이스라엘 민족은 노예로 살던 이집트의 풍요한 화덕 앞으로 돌아가기를 희망한다. 다시 말해, 그들이 이집트를 등지며 실제로 원했던 것은 물질적인 풍요가 아니라 해방과 영혼의 자유다. 환경만 놓고 보더라도 나일강의 혜택을 보는 이집트의 삼각주를 산과 골짜기로 이루어진 가나안 땅에 비하겠는가? 그들을 움직인 것은 단순한 생존의 열망이 아니다.

　고귀한 꿈을 꾸는 자들은 생존에 연연하지 않는다. 거기에 다른 의미가 깃들인다면, 충분히 신명을 바칠 만한 비전이 제시된다면, 나와 내 후대가 세대를 이어가며 만들어갈 문화적 꿈이 인도한다면, 사람은 궁핍을 감내하고 고난의 행군도 마다하지 않는다.

이 점에서 니체는 인간 속에서 인간을 위대하게 만드는 숭고한 특성 하나를 제대로 적시하고 있다. 우리는 고통 때문에 힘들어하는 짐승이 아니다. 충분히 의미가 있다면 우리는 기꺼이 고통을 감수한다. 단지 무의미한 고통만이 인간을 허무의 나락으로 쓸어내리는 것이다. 인간이 무의미를 견디지 못한다는 사실의 심각함! 인간이 어떤 처지에서도 형이상학적 믿음을 추구한다는 것이야말로 인간에게 비장(備藏)된 위대함의 씨앗이다.

✸ 인간은 인간에게 지쳐 있다

니체는 위대함은 미래를 배태한 것이어야 하며 인간에게 문화적·형이상학적 정향점과 비전을 제공해야 하는 것이지, 세속적인 성공과 그것의 지속에 좌우되어서는 안 된다고 생각한다. 그래서 청년에게 그들의 가장 아름다운 특권인 "믿음으로 위대한 사상을 자신 속에 심고 더 위대한 사상이 자신에게서 자라나게 하는 그들의 힘"을 빼앗는 것은 미래 세대의 가능성을 위축시키는 것이다.

이렇게 위축된 인간은 이제 획일적이며 통계의 대상일 뿐인 순응형 인간, 즉 대중이 된다. 그리고 대중의 관심은 편의와 이익에 기반을 둔 소시민적 안락 밖으로 넘어가지 않는다. 현실 체제와 기존의 가치관, 대중적 기호에 편승한 역사적 권력을 내세워 순응을 강요하고, 가장 이기적인 좁은 영역으로만 청년을 밀어붙이는 일은 청년과 인류의 미래를 착취하는 결과를 낳는다.

자신에게 우연히 부여된 역할극에만 골몰하는 현대에, 인간은 자신을 포함해 가짜 인간의 모습에 지쳐 있다. 이제 두려움과 경외심을 불러일으키는 위대한 인간은 더 이상 없으며, 다수와 노예도덕의 승리는 거의 항구적으로 보인다. 범상한 것들이 가치의 권좌에서 호령하는 구역질나는 모습을 견뎌야 한다는 사실이, 현대의 허무주의가 가치를 창출하는 능력과 전망과 진정성을 상실한 인간에게 내리는 벌(罰)인 것이다.

> 오늘날 우리에게 '인간'을 혐오하게 하는 것은 무엇인가? - 의심의 여지 없이 우리는 인간에 대해 괴로워하고 있기 때문이다. - 그것은 공포가 아니다. 오히려 우리가 인간에게서 두려워해야 할 것이 아무것도 없고, '인간'이라는 벌레가 전경에서 우글거리고 있다는 사실이며, '길들여진 인간', 구제할 수 없이 평범하고 달갑지 않은 인간이 벌써 자신을 목표와 정점으로, 역사의 의미로, '보다 높은 인간'으로 느낄 줄 안다는 사실이다. 『도덕의 계보』, 375쪽)

✺ 정신의 방임이 인간을 짐승으로 만든다

"오늘날 '민중'이 아닌 자가 누가 있는가?"라고 외치는 니체의 한탄은 생명력 넘치는 자기 긍정과 위대함을 위한 도약의 의지를 상실한 무리 동물들에 둘러싸여서도 어쩔 수 없이 삶을 찬양할 수밖에 없는 자의 안타까운 독백처럼 울린다. 니체 철학에서 인간은 초극(超克)되어야 할 어떤 것이다. 아직 확정되지 않은 어떤 것, 완성되지 않은 동물이라는 것이 그의 사상이 인간에게 주는 위상이다.

그러나 인간을 불안하게 만드는 이 불확정성은 그가 부단히 새로운 가치와 비전을 설정하고 자신을 넘어서는 일을 통해 상쇄될 수 있다. 그는 사유하는 동물이고, 자기 실존의 지평을 스스로 열어야 하는 존재다. 여타의 동물과 인간의 절대적인 차이, 즉 '인간을 참으로 인간으로 만드는 것이 인간의 이성'이라는 사실은 철학이 확보한 오랜 적법한 공유지다. 그래서 인간의 이성과 정신에 대한 회의와 방임이야말로, 이 인간적 본질을 통해 긍정적으로 살아내며 부단히 실존의 지평을 넓혀가고 자신을 넘어서던 인간이, 역사 속에서 다시 동물로 추락하는 원인이 된다.

이제는 현대 사상사의 분기점이 되어버린 『즐거운 학문』의 유명한 절에서 광인의 입을 통해 선포되는 '신의 죽음'이라는 사건이 광장의 대중들에게 단지 조소의 대상이자 오락거리에 불과하게 되는 가장 큰 이유는 바로 이 '정신의 자기 방임'에 있으며, 이 사실을 직시하는 것은 가치와 관련한 현대철학의 담론에서 방기해서는 안 되는 중요한 일이다.

> 신은 죽었다! 신은 죽어버렸다! 우리가 신을 죽인 것이다! 살인자 중의 살인자인 우리는 이제 어디에서 위로를 얻을 것인가? 지금까지 세계에 존재한

가장 성스럽고 강력한 자가 지금 우리의 칼을 맞고 피를 흘리고 있다. 누가 우리에게서 이 피를 씻어줄 것인가? 어떤 물로 우리를 정화시킬 것인가? 어떤 속죄의 제의와 성스러운 제전을 고안해내야 할 것인가? 이 행위의 위대성이 우리가 감당하기에는 너무 컸던 것이 아닐까? 그런 행위를 할 자격이 있으려면 우리 스스로가 신이 되어야 하는 것이 아닐까? (『즐거운 학문』, 200쪽 이하)

자신의 현존재의 진정한 본질인 정신의 활용이라는 면에 있어서, 두려움에 가득 차 허무주의의 도래를 공포하는 광인은 그나마 정향점과 기준이 없어진 현대의 현실을 직시하는 자다. 반면에 그를 조롱하는 광장의 대중들은 짐승과도 같은 존재다. 이들에게는 신이라는 이름으로 과거를 지배했던 실제성도, 그 실제성의 상실과 함께 당면하게 되는 새로운 현실과 의미의 공허도 더 이상 그들의 인생에 중요한 일이 아니다.

과거의 실제성과 실제성의 상실이 가져오는 가치의 공동화(空洞化)는 그들의 삶에서 진정성을 가지고 마주해야 하는 실존적 사건이 되지 못한다. 그들은 단지 소비의 욕망 앞에서 달려가는 자들이며, 자신의 실존의 자리를 알기를 원하지 않는 자들이며, 숙고하기를 두려워하는 폭풍과도 같이 그저 삶에 떠밀려 흘러가는 자들일 뿐이다. 자신의 삶에 방향과 구속력을 줄 만한 어떤 것도 갖지 못한 채, 현대인은 이제 무근거의 심연 위에서 전체로서 통제에서 풀려 불안하게 부유할 뿐이다.

가치의 세계에서 벌어지는 지진과 붕괴, 몰락과 파괴, 전율과 혼란은 연극과 역할극에 몰입해야 하는 그들의 시선을 더 강고하게 만들 뿐이다. 이 강고함은 위험을 동반한 인간의 가능성과 위대성을 바라보지 않기 위한 몸사림과 소심함을 반증하는 것이며, 번갯불의 내려침과 광기의 접종에 대한 무의식적 두려움이기도 할 것이다. 무엇보다 대중에게는 아직 "종래의 가치와 소망의 전 영역을 체험"하고 나서 새로운 가치와 이상을 시험할 정도의 힘을 집적한 자들에게서 목도되는 "위대한 진지함"과 "진정한 의문부호"가 가능하지 않다.

✤ 진정한 교양은 넘치는 지성의 힘에서 온다

실제와 가치에 대해 자신만의 입장을 표명하고 진정성 있는 책임을 지는 일이 가능해지기까지, 다시 말해 새로운 가치를 설정하는 인간의 미래적 가능성에 대한 신뢰가 인간에게 다시 가능해지기까지 진실로 필요한 것은 자신의 현재 상황을 가감 없이 목도하고 견딜 수 있을 정도로 힘을 축적하는 일이다.

니체 철학에서 진리의 가상성과 세계의 생성적 성격에 대한 기표로 기능하는 신의 죽음을 인정하는 일은, 바로 이러한 힘의 축적이 실제로 근대인에게 발생했다는 증거로 읽힐 수 있다. 미래의 가능성을 열 수 있을 정도의 진정한 힘을 쌓아가는 과정에는 정신적 인간이 자신이 처한 상황을 진단하고, 그 진단에 의거해 성급한 결단을 내리기 전에 옛것에 매달리며 아직 퍼내지 못했을지도 모르는 가능성 앞에서 주저하고 회의하는 일도 당연히 포함된다.

진정한 교양은 니체의 말처럼 고난과 생존 투쟁과 궁핍의 세계보다 높은 곳에 존재하는 공기층에서부터 시작된다. 단순히 젖과 꿀만으로는 불멸성에 대한 열망을 기를 수 없다. 주체의 안전과 생존은 잊고 영원하고 비인격적인 문제들을 중심으로 도는 진리의 태양계로 진입하거나, 주체의 영향과 욕구를 확대해서 세계를 덮을 만한 화려한 영묘를 건설하려는 자들에게 공통으로 필요한 것은 미래를 믿고 꿈을 꾸는 능력과 그것을 실현하려는 불굴의 의지다.

니체의 말처럼 철학은 개인에게나 민족에게나 필연적인 활동은 아니다. 그것이 있어야 생존이 가능해지는 일이 아니라는 말이다. 거기에는 생활고를 해결하기 위한 지식의 획득에서 필요한 정도를 넘어서는 잉여의 것이 들어 있다. 그것은 힘의 문제다. 한 개인이 자신의 목적을 위해서만 사용하는 것이 아닌, 넘치는 지성을 가졌는지의 문제다. 단순한 생존을 위해서 쓸 정도를 넘어서는 인식에의 욕망을 가졌는지의 문제다. 꿈과 동경은 인간을 고양한다.

'철학이 무엇이냐'는 질문은 열려 있는 질문이다. 플라톤의 말이 맞다면 철학을 한다는 것, 사유에 복무한다는 것은 영원히 계속되는 대화에 끼어드는 일이다. 사고는 영혼이 자신과 나누는 부단한 대화다. 그것을 개념으로 만들어 토설하는 과정에서, 철학적 사유에는 도달할 수 없음에도 불구하고 드러나는 절대적인 현재성이 남는다.

그것은 예술의 신전이 우리에게 주는 효과와 유사한 경험이다. 그러한 일이 아리스토텔레스가 말하듯 꼭 풍요의 산물이어야 할 필요는 없어 보인다. 하지만 최소한 인간이 혼신을 다해 참여하는 영원한 대화는 단순한 생존의 유지만을 목적으로 삼을 수는 없다. 그것이 신성한 정신의 법칙이고, 이 법칙을 따르는 자는 자신의 궁색함을 넘어서기 마련이다.

"니체가 본 위대함은 단순한 생존의 기술이 아니라 미래를 향한 문화적 비전이었다. 인간은 젖과 꿀 같은 풍요만으로는 만족하지 못하며, 의미와 꿈이 있어야 고난을 견딘다. 생존을 넘어 새로운 가치를 창조하려는 힘, 그것이 인간을 허무로부터 지켜내는 길이다."

사유는 인간을
더 큰 세계로 이끈다

 기형도의 시 〈대학 시절〉은 자기 폐활량만큼씩 우울을 호흡하던 당시의 암울한 실존적 정서로 가득하다. 버려진 책들이 즐비한 아름다운 대학, 총성이 울리던 돌층계에서 작가는 플라톤을 읽는다. 존경하는 교수는 침묵하고 졸업을 앞둔 학생은 갈 곳을 몰라, 대학을 떠나는 것을 두려워한다.

 다행히 대학에 더 이상 최루탄이 터지지 않고 기관원도 보이지 않는다. 그래도 대학은 아직도 그런 곳이다. 대학은 연구에 매진하는 사람들이 모인 공간이지만 여러 정치적 힘이 부딪히는 실험장이기도 하다. 시대의 질곡은 여전하고, 학생들은 갈 길을 모른다. 그리고 선생이란 결정적인 순간에는 원래 말이 없다. 하지만 그들도 플라톤은 몇 권이라도 읽었을 것이라고 믿어주자. 학생들은 누가 알려주지 않아도 여전히 플라톤을 읽는다.

 혼란한 현실을 견디지 못하고 버려지는 책들은 여전히 많지만, 플라톤은 영원히 살아남을 것으로 보인다. 에머슨은 "플라톤이 철학이고 철학이 플라톤"이라고 말했다. 플라톤 이후 서양 철학의 현란한 전개가 이미 그에게서 다 맹아로 나타난다고 해도 과언이 아니라는 말이다. 그래서인지 세부 전공이 서로 다른 철학자들도 플라톤은 비교적 많이 연구하고 자기 전공에 이용하곤 한다. 플라톤 전공자가 아닌 사람들도 플라톤 강의를 많이 한다.

❋ 학문은 목표의 한계를 탐구한다

자유로운 시선을 갖기로 결심한 니체가 거짓이 지배하는 삶을 견딜 수 없어서 파괴한 옛 도덕과 형이상학과 신은, 그들이 남긴 빈자리를 통해서 현대 인류에게 과제를 부여한다. 그것은 옛 서판의 파괴로 공허해진 세상에 새로운 목표를 부여하는 일이다. 그 목표가 무엇인지는 확실하지 않지만, 새로운 목표를 설정하는 일은 상당한 힘과 준비가 필요해 보인다.

니체는 인간이 시대의 극점에 이르도록 스스로를 교육한다는 사실을 헤겔적 역사의식을 가지고 정리하고 있다. 헤겔은 역사를 이해하는 데 있어서 과도기적 사상을 파악하는 것이야말로 가장 중요한 일이라고 말한다. 개인이나 민족은 보편적인 정신의 단계에 이를 때까지 수많은 과도기적 사상을 거치면서도 여전히 자기 자신으로 남는다. 하지만 모든 과도기를 거쳐 역사의 극점에 이르면, 철학적 이해의 핵심이자 영혼이라고 할 수 있는 변화의 내적인 필연성이 생긴다. 자신 안에서 시대정신을 극복하겠다는 니체의 문장이 이것과 같은 맥락에 서 있다. 이 헤겔적 사유의 니체적 표현은 이런 문장으로 드러난다.

> 학문은 흐름을 보여주지만, 목표를 보여주지는 않는다. 그러나 학문은 거기에 새로운 목표가 상응해야만 하는 전제들을 준다. (전집 16권, 200쪽)

미지의 목표를 설정하는 일은 과거사에 대한 옳은 이해와 그 한계의 판단에 기초해야 한다는 말이다. 이념들이 생겨났다 사라지는 필연적인 흐름을 이해하고, 이것을 통해 한 사상의 약한 부위에 다른 사상의 강한 부위가 접목되는 그 미묘한 정신의 운동을 따라가는 것이 바로 공부다.

생명은 도저히 흐르고, 인류가 남아 있는 한 우리는 플라톤을 건너뛸 수 없다. 서양의 사유는 거기서 처음으로 종합되고 융성해진다. 새로운 목표가 필요하다는 것을 알기 훨씬 전에 시작된 니체의 공부도 플라톤에서 시작한다.

니체는 슐포르타 김나지움의 마지막 상급반 그리스어 수업에서 처음으로 플라톤을 읽는다. 이때 니체가 읽은 책은 대화편 『파이돈』이다. 훌륭한 선생이 그의 강독을 지도하고 지켜본다. 1854년에 4권으로 나온 독일어판 플라톤 전집의 서문을 쓰고 여러 대화편에 각주를 단 그리스 문헌학자 슈타인하르트(Karl Steinhart)가 그 선생이다. 니체는 후일 바젤대학교의 강의에서도 이 판본을 가지고 수업을 진행한다.

김나지움 시절의 니체는 스승에게도 인상적인 학생이었던 것으로 보인다. 슈타인하르트는 본(Bonn)의 플라톤 연구자인 샤르슈미트(Karl Schaarschmidt)에게 이제 본 대학에 입학하는 제자 니체를 추천하며, 특히 플라톤 철학에 열광적이고 상당히 조예가 깊은 슬기로운 학생이라고 극찬한다.

✺ 소크라테스의 닭 이야기와 배후세계론

플라톤의 대화편 『파이돈』은 영혼의 불멸을 다루는 책이다. 그리고 이 대화편의 마지막에는 그 유명한 소크라테스의 닭 이야기가 나온다. 임종을 지키러 온 집안의 여인들과 세 명의 아들을 집에 보내고 마지막 목욕을 마친 소크라테스가 친구들 곁에 가서 앉는다. 사형을 집행하는 11인회의 관리가 와서 형 집행의 시작을 알리고, 소크라테스는 독당근즙을 찧어서 가져온 사람에게 자신이 무엇을 해야 할지 묻는다.

죽음은 다리에서부터 온다. 피돌기가 힘들어져 심장에서 먼 부분부터 굳어가는 것이다. 그래서 독을 마신 후에 걷다가 다리가 묵직해지면 누우라는 지시가 주어진다. 소크라테스는 그 잔을 받아 침착하고 편안하게 비운다. 그러고는 이리저리 다니며 걷다가 등을 기대고 누워 얼굴을 천으로 가린다. 친구들이 죽어가는 그를 비통하게 바라보고 있는데 그가 얼굴을 덮은 것을 걷고 크리톤을 부르며 유언을 남긴다. "크리톤, 우리는 아스클레피오스(Asklepios)에게 닭 한 마리를 빚지고 있네. 부디 잊지 말고 갚아 주게!" 이것이 소크라테스의 닭 이야기다.

아스클레피오스는 의술의 신이다. 뱀이 휘감고 있는 그의 지팡이는 그가 독을 제어하는 치료의 신임을 상징한다. 니체의 그리스어 선생 슈타인하르트는 이 문장에 단 주석에서, 닭을 빚졌다는 것을 그리스 민간에서 행해진 습속으로 연결해 해석하고 있다. 병이 나은 사람들이 닭 한 마리를 죽여 아스클레피오스에게 바쳤다는 것이다. 소크라테스는 이승에서의 죽음에 대해 영혼이 육체에 갇혀 있던 병에서 치료되는 것으로 해석했기 때문에 닭을 바치라는 유언을 했다는 것이다. 모든 학자가 이런 해석을 하고 있지는 않지만, 니체는 스승의 해석을 따른다.

나중에 니체는 이 에피소드를 소크라테스-플라톤 철학의 반 생명성과 염세주의의 증거로 읽는다. 영혼이 자유롭게 풀린 죽음 이후의 삶이 귀중한 만큼 이승의 삶은 가치 없는 것이 된다. 이러한 생각을 전승한 철학과 종교를 니체는 '배후세계론'이라고 부른다. 이에 따르면 우리가 살고 있는 현상의 세계 뒤에 또 다른 세계, 즉 참 존재인 이데아의 세계가 있다. 이승의 삶은 이 참 존재의 세계에 들어가기 위한 연단의 과정에 불과하다.

니체는 배후세계론을 신봉하는 자들을 삶에 지쳐서 회의와 우울함이 가득한 채 삶에 독을 타고 복수하는 자라고 불렀다. 배후세계론자는 인간에게 유일한 의미 있는 세계인 이 세계를 비방하고 여기서 떠나고 싶어 한다. 니체가 소크라테스-플라톤, 그리고 플라톤 철학의 평민 버전인 기독교 도덕과 평생 가는 싸움을 하는 근본적인 이유가 바로 세계와 생명에 반하는 배후세계론에 있다.

니체의 플라톤 연구는 지속적이고 방대하며 상세하고 깊이가 있다. 그는 바젤대학교 교수로 지내는 동안 〈플라톤 대화 연구 입문〉, 〈플라톤의 생애와 저술〉, 〈플라톤의 생애와 가르침에 대하여〉, 〈플라톤 연구 서문〉이라는 제목으로 4차례 플라톤 철학을 다루는 강의를 행한다. 이 외에도 그의 강의는 고대 그리스에 집중되어 있다. 소크라테스 이전 철학자들을 다루는 것이 4학기, 아리스토텔레스의 수사학을 다루는 것이 4학기다. 이것은 플라톤과 그리스 철학에 대한 그의 관심과 연구가 꾸준히 심화하며 진행되었다는 증거다. 그 기간에 니체가 『비극의 탄생』, 『반시대적 고찰』, 『인간적인 너무나 인간적인』을 출간했다는 점을 생각하면 젊은 니체의 학문적 열정을 넘겨 짐작할 수 있다.

✸ 죽음의 공포와 대면하는 플라톤

니체의 그리스 철학 연구는 단순한 자구의 해석을 넘어서 문헌학적인 고증과 기존 연구서들을 종횡으로 누비는 비교와 분석을 통해 독자적인 통찰들에 이르고 있다. 플라톤의 인생에서 나타난 사건의 의미에 대한 해설이나 위서와 진서를 가르는 일에서도 니체는 상당히 명확한 진술을 꺼리지 않는다.

예를 들어 소크라테스의 사형 이후 플라톤이 아테네를 떠난 사건에 관해 철학사는 플라톤이 남긴 제7서한에 의존해서, 아테네 민주정의 타락상에 현기증을 느낀 플라톤이 참주들의 전횡을 피하려 도주한 것으로 평가한다. 그러나 니체는 이러한 해석을 플라톤이 수학한 선생들(크라틸로스, 헤르모게네스, 에우클레이데스 등)에 대한 진술들과 『파이돈』에 나오는 케베스와 소크라테스의 대화를 기초로 바로잡고 있다.

> "당신이 우리를 떠나면 우리는 죽음의 공포에 관해 이야기할 훌륭한 상대를 어디에서 얻겠습니까?"
> 소크라테스가 대답합니다.
> "그리스는 광활합니다. 이 나라에는 그러한 이야기 상대가 될 만한 [많은] 훌륭한 인물들이 있습니다. 그리고 다른 민족 역시 훌륭합니다. 그러한 상대를 찾기 위해 그대들은 돈과 수고를 아끼지 말고 이들 종족을 모두 찾아 나서야 합니다. 왜냐하면 그대들이 그보다 유용하게 돈을 쓸 수 있는 일은 아무것도 없기 때문입니다." (전집 1권, 81쪽에서 재인용)

친구들과 제자들에 대한 소크라테스의 이 유언에 관해서 니체는 플라톤이 아테네를 떠나 장기간의 여행을 떠난 이유로 해석한다. 참주에 대한 공포가 아니라, 철학이 대면해 대결해야 할 궁극의 공포인 죽음에 대한 공포가 플라톤을 장기간의 수학여행으로 충동질했다는 것이다.

이렇게 해서 플라톤이 소크라테스 죽음 이후에 헤라클레이토스 주의자와 파르메니데스 주의자의 가르침과, 두 세기에 걸쳐 영향을 끼치던 피타고라스학파의 이론을 더 공부하게 되는 정황이 설명된다. 메가라, 키레네, 이집트를 두루 다니며 스승이 마지막에 한 권면을 충실히 따른 결과, 플라톤은 그리스 최초의 위대한 철학적 종합을 달성할 수 있었던 것이다.

소크라테스 이전 철학자들에 관한 니체의 연구는 니체 이후 학계가 고대 그리스의 철학을 평가하는 데 지대한 영향을 끼쳤다. 그러나 그가 행한 연구들이 학계에서 얼마만큼 인정받고 있는지와 상관없이 우리가 주목해야 할 중요한 사실이 하나 있다. 그것은 그가 한평생 부단히 플라톤을 읽었다는 사실이다. 플라톤적 사고를 자신의 사유가 치르는 전장에 등장하는 최대의 적으로 선포한 니체가 평생을 플라톤과 대면하고 있었다는 사실이다. 여기서 니체의 유명한 진술이 떠오른다.

> 괴물과 싸우는 사람은 자신이 이 과정에서 괴물이 되지 않도록 조심해야 한다. 만일 네가 오랫동안 심연을 들여다보고 있으면, 심연도 네 안으로 들어가 너를 들여다본다. (『선악의 저편』, 125쪽)

니체를 읽다 보면, 나는 자주 니체가 골수까지 플라톤주의자이고 그의 뼈마디에는 성경 구절이 전신갑주처럼 입혀져 있다는 인상을 받고는 한다. 그는 그가 싸웠다는 괴물들을 정녕 이겼는가? 니체가 플라톤을 들여다본다. 플라톤도 니체를 들여다본다. 크게 걱정할 문제는 아닐 것이다. 니체의 말처럼 사람이 있는 모든 곳에는 심연이 있고, 사람과 책을 바라본다는 것은 심연을 들여다보는 일이다.

"니체는 평생 플라톤과 싸우면서도 그를 떠날 수 없었다. 플라톤의 배후세계론을 비판했지만, 동시에 그 심연을 들여다보며 자기 사유를 단련했다. 괴물과 싸우다 괴물이 되지 않으려 했던 그의 철학은, 결국 플라톤과의 대결 속에서 빛을 얻은 것이다."

내 의지대로 살고 싶다면,
안락이 아닌 도전을 택하라.
사유는 춤이고, 사랑은 불꽃이다.
흔들리되 결코 무너지지 마라.
그 길 위에서 네 삶은 빛난다.
너는 새로운 인간으로 태어난다.

★ 독자의 꿈을 사랑합니다.

살아갈 힘을 주는 니체 아포리즘
니체의 인생 수업
프리드리히 니체 지음 | 값 15,000원

내가 살아가는 목적을 모르겠다면, 현재의 삶이 괴롭고 고통스럽다면 니체의 생생한 목소리를 담은 이 책을 읽자! 채우기보다는 비워내 나 자신을 찾아 삶의 위기를 의연하게 이겨내길 당부하는 니체 특유의 디톡스 철학, 생(生) 철학이 고된 우리의 현실을 이겨내고 다시 살아갈 힘을 준다. 이 책에는 우리가 알아야 할 인생의 모든 지혜가 담겨 있다. 겉만 번지르르한 관념적인 인생 조언이 아니라 냉엄한 현실을 살아가는 데 도움이 되는 생생하고 구체적인 실천 수칙들이 가득하다.

살아갈 힘을 주는 쇼펜하우어 아포리즘
쇼펜하우어의 인생 수업
아르투어 쇼펜하우어 지음 | 값 14,900원

현재의 삶이 만족스럽지 않다면, 그래서 행복이란 감정을 느끼기가 어렵다면 이 책을 읽자. 이 책은 대철학자 쇼펜하우어의 행복과 인생의 본질, 인간관계의 본질, 그리고 학문과 독서와 독자적 사고의 본질 등에 대한 직설적인 조언을 담은 인생 지침서다. 이 책에서 만날 수 있는 현명하고 솔직한 직언으로 세상일이 뜻대로 되지 않아 지친 현대인들이 자신의 모습을 되돌아보며 삶을 온전히 살아갈 힘을 얻을 수 있을 것이다.

인간에 대한 위대한 통찰
몽테뉴의 수상록
몽테뉴 지음 | 값 12,000원

가볍지도 과하지도 않은 무게감으로 몽테뉴는 세상사의 다양한 주제들에 대해 본인의 견해를 자신 있고 담담하게 풀어낸다. 이 책을 읽으며 나의 판단이 바른지, 내가 지금 제대로 살고 있는지, 앞으로 어떻게 살아가 하는지 등을 수없이 자문해보자. 원초적인 동시에 삶의 골자가 되는 사유를 함으로써 의식을 환기하고 스스로를 성찰하며 인생의 전반에 대해 배우는 계기가 될 것이다.

자유는 어떻게 지켜지고 어떨 때 제한되는가
존 스튜어트 밀의 자유론
존 스튜어트 밀 지음 | 값 9,900원

'혐오, 검열, 낙인, 여론 재단' 같은 주제는 『자유론』이 출간된 지 150년이 지난 지금도 현실과 맞닿아 있다. 밀은 '다수의 의견'이 언제든 소수의 표현을 억압할 수 있다는 사실을 밝힌다. 이 책은 여전히 세계 유수 대학에서 필독서로 채택되는 밀의 『자유론』을 보다 쉽게 이해할 수 있도록 편역한 책이다. 이 책을 통해 고전을 단순히 '읽는' 텍스트가 아닌, '사유하고 내면화하는' 경험을 할 수 있을 것이다.

인간 실존에 대한 위대한 통찰
파스칼의 팡세
블레즈 파스칼 지음 | 값 12,000원

인간 존재의 비참함과 위대함을 동시에 들여다보는 위대한 철학적 고전인 『팡세』가 편역본으로 출간되었다. 단지 종교적 신념이 아니라, 스스로를 직시할 용기와 끝까지 사유할 인내의 가치를 말하는 이 책을 통해 감정적 동요에서 이성의 한계로, 다시 믿음의 고백으로 이어지는 사유의 흐름을 경험할 수 있을 것이다.

살아갈 힘을 주는 불교의 가르침
부처의 인생 수업
석가모니 지음 | 값 15,500원

불교는 단순한 종교를 넘어 '삶의 방식'으로 재조명되고 있다. 불경 중에서 부처의 목소리를 가장 생생하게 담아냈으며 일반인들이 읽기 좋은 『숫타니파타』와 『법구경』을 편역한 이 책에는 어려운 용어들에 역주를 달고 현대인들을 위한 정보만을 엄선해 보다 실천적으로 받아들일 수 있도록 구성했다. 이 책을 통해 내면의 평화를 찾기 위한 지혜를 얻을 수 있을 것이다.

스스로를 돕는 것은 언제나 강력한 힘이 된다
새뮤얼 스마일즈의 인생 수업
새뮤얼 스마일즈 지음 | 값 15,000원

누구나 인생에서 마주할 수밖에 없는 역경을 잘 극복해서 성공하고 행복하기를 꿈꾼다. 새뮤얼 스마일즈의 『자조론(Self-Help)』에서 현대인들에게 꼭 필요한 '자조(自助)'의 원칙만을 선별해 담은 이 책은 그 해답을 알려준다. '스스로 돕는다'는 자조의 정신을 보인 대가들이 자기 수양을 하고 인격을 쌓아 역경을 성공적으로 극복한 실제 사례들을 모아 그 방법과 중요성을 설파한다. 자기 자신을 잘 돌보고 목표를 성취하기 위한 동기부여가 필요하다면 이 책이 도움이 될 것이다.

인간의 행복은 어디에서 오는가
아리스토텔레스의 인생 수업
아리스토텔레스 지음 | 값 15,000원

당신은 행복한가? 어떤 삶이 행복한 삶일까? 이 책은 행복은 무엇이며, 어디에서 비롯되는지를 정리한 아리스토텔레스의 『니코마코스 윤리학』을 재편역한 것으로, 현시대 독자들이 쉽게 접근할 수 있는 내용을 엄선해 담았다. 다소 난해하고 관념적인 내용과 현시대와 맞지 않은 내용들은 덜어내고 정리했다. 지금 삶의 목적과 방향을 모르겠다면, 진정으로 행복하게 살고 싶다면 읽어야 할 책이다.

★ 독자의 꿈을 사랑합니다.

무엇을 위해 살고, 무엇을 사랑할 것인가?
위대한 철학자들의 죽음 수업

몽테뉴 외 지음 | 값 15,000원

이 책은 위대한 철학자 5인의 '죽음에 대한 생각'을 한 권의 책으로 묶어낸 고전 편역서다. 고대에서부터 현대까지 수많은 철학자들이 답을 찾고자 매달려온 철학적 주제이자, 영원히 풀리지 않을 숙제인 '죽음'에 대한 남다른 고찰이 엿보인다. 책을 관통하는 메시지는 '죽음에 대한 이해를 통해 삶을 더욱 온전히 이해할 수 있다'는 것이다. 철학자들의 인간 본질에 대한 통찰과 지혜가 담긴 죽음 수업은 죽음을 이해하고 현명한 삶을 살게 하는 열쇠가 되어줄 것이다.

사람의 마음을 움직이는 38가지 설득 요령
쇼펜하우어의 내 생각이 맞다고 설득하는 기술

아르투어 쇼펜하우어 지음 | 값 13,500원

이 책은 대화하는 사람들의 내면에 잠재된 인간 본성을 들춰냄으로써 인간의 오류를 예리하게 지적한다. 나아가 논리학에서 다루는 쟁점 사항인 객관적인 진리에 도달하기 위해, 궁극적으로 상대로부터 몰아치는 공격에서 허위와 기만의 껍새를 포착하고 그것에 적절히 대처할 수 있어야 한다고 당부한다. 이 책은 그러한 위험 신호를 감지하는 민첩성과 예민함을 길러주는 훌륭한 지침서가 되어줄 것이다.

쇼펜하우어와 친해지고 싶은 당신을 위한 안내서
세상에서 가장 친절한 쇼펜하우어 철학 수업

김선희 지음 | 값 18,000원

쇼펜하우어라는 철학자를 통해 자기 운명을 직면하고 행복을 새롭게 정의할 수 있는 가능성을 제시하는 삶 밀착형 체험 철학서다. '철학은 나에게 어떤 힘을 줄 수 있는가?'라는 질문 앞에서, 이 책은 쇼펜하우어라는 철학자를 통해 삶의 조건을 이해하고, 자기 운명을 직면하며, 행복을 새롭게 정의할 수 있는 가능성을 제시한다. 친절한 해설과 실존적 통찰을 통해, 지친 독자에게 삶을 다시 마주할 용기를 건넨다.

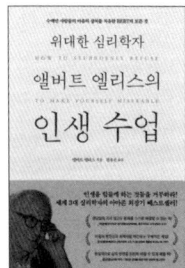

수백만 사람들의 마음의 상처를 치유한 REBT의 모든 것
위대한 심리학자 앨버트 엘리스의 인생 수업

앨버트 엘리스 지음 | 값 19,800원

세계 3대 심리학자인 앨버트 엘리스는 이 책에서 모든 정서적·행동적 문제의 근원이 '강박적인 당위적 사고'라고 말한다. 그러면서 자신과 타인, 삶의 환경에 스스로 부과하는 '당위적 사고'를 찾아내 살펴보라고 조언한다. 이 책을 통해 자신과 비슷한 문제에 있는 상황과 자신의 심리적 문제 상황을 비교해보고 나의 부정적인 생각, 감정, 행동을 개선하는 데 도움을 받을 수 있을 것이다.

힘든 순간마다 철학이 건네주는 위로
사는 게 무기력하게 느껴진다면 철학
양현길 지음 | 값 18,000원

심리, 철학 주제로 10년 이상 도서 집필과 유튜브를 운영하고 있는 저자는 철학자들의 사유와 우리의 삶을 연결해 삶을 풍족하게 만드는 길로 안내한다. 인생의 무의미함, 공허함 등 삶을 불행하게 만드는 요소를 철학적인 관점으로 다루고 삶의 의미를 고찰하고 해석해온 철학자들의 지혜를 담았다. 철학자들이 건네는 질문에 대해 고찰한다면 내가 원하는 방향의 의미 있는 삶을 살아갈 수 있을 것이다.

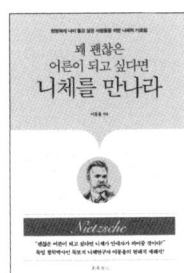

살아가는 데 힘을 주는 니체의 가르침
꽤 괜찮은 어른이 되고 싶다면 니체를 만나라
이동용 지음 | 값 16,000원

우리나라의 독보적 니체 연구자로 정평이 나있는 이동용 박사는 위대한 철학자 니체의 핵심 메시지를 쉽게 이해할 수 있도록 개념과 비유를 해설해주며, 원문에 대한 이해를 돕기 위해 적합한 예시와 적용까지 서술해준다. 니체를 사랑하지만 니체를 잘 모르는 현대의 독자들은 이 책을 통해 니체 철학에 대한 이해의 폭이 더욱 커지고, 나아가 자기 삶의 노예가 아닌 주인이 되어 적극적으로 자아를 실현하고 삶의 진정한 의미와 가치를 추구할 수 있을 것이다.

저는 이 독서법으로 구독자 15만, 연봉 2억이 되었습니다
내 삶을 바꾼 인생역전 독서법
이상윤 지음 | 값 17,500원

이 책은 가난한 어린 시절을 보낸 저자가 자신만의 독서법으로 어떻게 연봉 2억의 15만 유튜버로 성공할 수 있었는지를 담은, 돈 버는 독서법을 알려주는 책이다. 경제적 자유를 이룬 성공한 이들은 모두 독서광이었다는 사실은 누구나 독서를 통해 성공할 수 있다는 것을 보여준다. 삶을 바꾸고 경제적 자유를 위한 목표를 이루고 싶다면 꼭 읽어야 할 책이다.

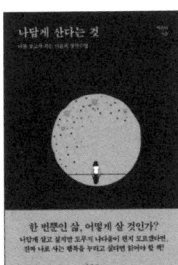

나를 찾고자 하는 이들을 위한 철학수업
나답게 산다는 것
박은미 지음 | 값 19,000원

철학커뮤니케이터이자 철학박사인 저자는 인생에 던지는 철학적인 물음들과 '진짜 나'를 찾는 방법을 따뜻하게 전한다. 나에게 가족이 미친 영향, 주로 의존하는 방어기제, 나의 원점서 등을 찾아 그동안 해결하기 어려웠던 마음의 문제를 해소하고 진정한 나다움을 찾을 수 있도록 돕는다. 이 책을 통해 '가짜인 나'의 모습으로 사는 것이 왜 불행한지, '진짜인 나'의 모습으로 사는 것이 왜 행복한지를 사유하게 됨으로써 '진짜 나'의 모습으로 사는 행복을 누릴 수 있을 것이다.

■ 독자 여러분의 소중한 원고를 기다립니다

초록북스는 독자 여러분의 소중한 원고를 기다리고 있습니다. 집필을 끝냈거나 집필중인 원고가 있으신 분은 khg0109@hanmail.net으로 원고의 간단한 기획의도와 개요, 연락처 등과 함께 보내주시면 최대한 빨리 검토한 후에 연락드리겠습니다. 머뭇거리지 마시고 언제라도 초록의 문을 두드리시면 반갑게 맞이하겠습니다.

■ 메이트북스 SNS는 보물창고입니다

메이트북스 홈페이지 www.matebooks.co.kr

책에 대한 칼럼 및 신간정보, 베스트셀러 및 스테디셀러 정보뿐만 아니라 저자의 인터뷰 및 책 소개 동영상을 보실 수 있습니다.

메이트북스 유튜브 bit.ly/2qXrcUb

활발하게 업로드되는 저자의 인터뷰, 책 소개 동영상을 통해 책에서는 접할 수 없었던 입체적인 정보들을 경험하실 수 있습니다.

초록북스 블로그 blog.naver.com/chorokbooks

화제의 책, 화제의 동영상 등 독자 여러분을 위해 다양한 콘텐츠를 매일 올리고 있습니다.

STEP 1. 네이버 검색창 옆의 카메라 모양 아이콘을 누르세요. STEP 2. 스마트렌즈를 통해 각 QR코드를 스캔하시면 됩니다. STEP 3. 팝업창을 누르시면 메이트북스의 SNS가 나옵니다.